조직을 구하고 사람을 살리는

# 리더
# 정신

조직을 구하고 사람을 살리는

# 리더 정신

존 앨리슨 지음 | 장진원·심규태 옮김

틔움

차례

**2부** 개인, 조직, 사회를 탁월한 방향으로 이끌어가기

# 서문

## 조직과 사회는 개인의 집합이다

이 책의 주제는 자연 법칙과 인간 본성에 부합하며 각 개인의 성공과 행복의 근간이 되는 윤리적 원칙들이 존재한다는 것이다. 이 원칙들은 조직과 사회에도 동일하게 적용될 수 있다. 미국 건국자들이 가졌던 '삶, 자유, 그리고 행복 추구'의 이상과도 일치한다. 사람들이 사회나 조직 등 집단의 일원으로서 자신의 행동을 합리화할 때 많은 파괴적 결과들이 일어난다. 개인으로서는 이런 행동을 절대로 합리화하도록 용납하지 않았을 것인데도 말이다. 리더의 역할 가운데 중요한 하나는, 자신이 갖고 있는 윤리적 원칙을 충실히 따르고 조직 구성원이 이 원칙 아래 일관되게 행동할 수 있도록 최선의 노력을 다하는 것이다.

기본적으로 인생의 궁극적 목표는 "잘" 사는 인생이라는 아리스토텔레스적 행복(에우다이모니아Eudaimonia)을 얻는 것이다. 노동의 행복, 땀의 행복, 피의 행복, 그리고 눈물의 행복을 의미한다. 이는 금요일 밤을 즐겁게 보내는 것에 관한 이야기가 아니다. 가끔은 "불금"을 즐기는 것이 당연할 수 있다. 그러나 여든 살이 되어 인생을 뒤돌아보면서 "맞아, 정말 힘든 인생이었지만 잘 살아와서 다행이야"라고 말하는 그 행복을 의미한다. 물론 이러한 행복을 누리려면 생존해 있어야 한다.

행복에 이르는 전후 사정은 개인마다 크게 다르며, 그 개인도 일생 동안 많은 변화를 겪는다. 행복을 얻을 수 있는 자격이 누구에게나 주어진다고 해서, 가만히 앉아 행복해질 권리를 누릴 수는 없다. 행복은 목표를 세우고 그 목표를 달성함으로써 획득할 수 있는 것이다. 목표는 끝없이 다양하다. 고등학교 졸업, 대학교 졸업, 결혼, 취업, 만족스러운 육아, 창업, 책 쓰기, 컴퓨터 프로그래머, 교사, 목수, 의사, 트럭 운전사, 엔지니어, 회계사, 변호사, 주부, 비서, 가수, 농부, 대학교수 되기 등 무수히 많은 목표가 존재한다. 어떤 이들은 다른 사람을 돕는 것으로 행복을 추구한다. 이것은 단지 그 접근 방법이 다를 뿐, 여전히 행복을 성취하기 위한 노력이다. 종교적 믿음이 강한 사람들은 천국을 지향하는 자신의 종교적 신념에 따라 도덕적인 생활을 하고자 노력한다. 궁극적인 보상을 다음 세상에서 받는다 하더라도 이런 노력 또한 행복 추구라는 맥락에서 이뤄진다.

이 책은 위와 같은 맥락에서 개인과 조직, 그리고 사회 차원에서의 궁극적 행복을 추구하는 리더십에 관한 것이다. 이런 리더십 개념의 근간은 자기 자신에 대한 리더십(셀프 리더십)이며, 이는 조직 리더십의 필수불가결한 요소다. 대다수 리더십의 실패는 셀프 리더십의 실패다. 조직의 실패는 리더십의 실패에서 비롯된다. 2008년 금융위기와 최근의 경기 침체는 기업과 정부 리더십의 실패에서 비롯되었다.

바로 리더십이 문제다.

행복을 이루기 위해서는 몇 가지 중요한 전제 조건이 있다. 굶주리고 추위에 떨며 학대받고 불안에 떠는 사람은 행복을 느낄 수 없다. 조직의 리더에게 책임이 부과되는 이유가 바로 이것이다. 다른 조건이 같다면, 건실한 성장을 이루는 기업, 가족, 또는 사회에 속한 개인은 무너져가는 기업, 가족, 또는 사회에 속한 개인보다 행복을 느낄 확률이 높다. 달리 말하면 어떤 조직에 속한 개인의 행복은 조직의 효과적인 운영에 달려 있다.

본론에 들어가기 전에 행복이 무엇인지를 이해하는 것이 중요하다. 행복은 이른바 '(고통에)무감각해지는 것'이 아니다. 우리 사회의 많은 복지 수혜자(생활보호대상자)가 삶을 즐기고 있다고 생각하는가? 이들 가운데 많은 수가 약물과 알코올에 빠져 있고 폭력에 쉽게 의존한다는 사실은 이들이 행복하지 않음을 의미한다.

항상 마음의 평화를 유지하고 다른 차원의 시야를 갖고 살아가는 승려는 행복할까? 아리스토텔레스Aristoteles의 관점으로 보면 그들은 행복하지 않다. 사람은 적극적으로 삶에 임하고 전력투구하며 살아야 한다. 우리는 동굴에 살면서 행복할 수 없다. 동굴에 살면서 마음이 평안할 수는 있겠지만, 인간은 더 높은 차원의 희열과 의미를 찾는 능력을 갖고 있다. 설령 이렇게 더 심오한 만족을 얻기 위한 노력에 많은 대가와 난관이 따르더라도 말이다.

개인의 성공과 행복의 바탕에는 기본적인 원칙이 있다. 이 원칙은 조직과 사회에도 똑같이 적용된다. 하지만 올바른 원칙을 갖고 있다고 해서 성공 또는 행복이 보장되지는 않는다. 이 원칙을 이해하고 실천할 때 비로소 개인은 행복해지고 조직은 성공할 확률이 높아진다.

개인은 자신이 하는 일을 잘 해낼 때 더 행복해진다. 리더라면 조직 구성원이 각자의 분야에서 최고의 경지에 오르도록 도와줄 책임이 있다. 이를 위해서는 제대로 된 프로세스와 교육, 피드백을 통해 탁월한 결과를 만들어내는 생각과 행동을 뒷받침해준 수 있어야 한다. 하지만 얄궂게도 많은 사람은 자신의 분야에서 최고가 되어 행복을 성취할 수 있는 기량을 적극적으로 배우려 하지 않는다. 리더의 역할이 중요한 이유가 바로 이것이다. 리더는 탁월한 결과를 장려하는 프로세스를 만들 책임이 있다. 사람을 억지로 일하게 할 수는 없지만, 코칭과 보상을 통해 독려할 수는 있다. 행복을 성취하는데 있어서 많은 사람은 물론 "전문가"들 조차 쉽게 간과하는 면이 있다. 그것은 비교적 지루하고 단순한 업무를 숙달하는 것조차 고된 노력과 집중을 요한다는 것이다. 비록 그 일이 고도의 지적 활동이 아니더라도 그 일을 정복하게 되면, 행복을 성취하는데 필요한 자신감과 자존감이 높아진다.

개인의 행복과 조직의 성공에 기초가 되는 이런 원칙들은 사회 전체에도 똑같이 적용된다. 미국 건국의 아버지라 불리는 토머스 제퍼슨Thomas Jefferson은 이런 개념을 잘 이해하고 "삶, 자유, 그리고 행복 추구"라는 말로 표현했다. 이는 개인의 삶에 대한 부정할 수 없는 도덕적 원리이며, 자유롭고 독립적인 개인으로서 갖고 있는 믿음과 가치관을 바탕으로 행복을 추구할 수 있는 권리다. 이 책에서 우리는 이런 개념들이 어떻게 미국을 위대하게 만들었고, 어느 영역에서 이런 기본 원칙이 간과되어 왔는지 살펴볼 것이다.

지금까지 설명한 개념과 원칙의 맥락에서 볼 때 리더가 해야 할 일은 무엇일까? 개인이 행복해지기 위해 해야 할 일은 무엇일까?

1) 리더는 어떤 조직을 만들 것인가에 관한 비전을 만들고 이를 구성원에게 전달한다(개인은 어떤 인물이 될 것인가에 관한 비전).
2) 리더는 조직의 존재 목적을 분명히 하고 이를 구성원과 공유한다(개인은 자신의 사명).
3) 리더는 인간 번영에 필요한 기본적 가치를 이해하고 동시에 이를 실천하며 구성원과 공유한다.
4) 리더는 이런 가치에 부합하는 비전과 목적을 구현하기 위해 전략을 수립한다.
5) 리더는 적절한 피드백과 코칭 프로세스 및 방법을 개발하여, 구성원 모두가 자신의 분야에서 최고가 되고 조직을 성공으로 이끄는 데 필요한 행동과 신념을 강화해야 한다. 이런 맥락에서 리더는 자신을 포함하여 구성원 모두에게 책임을 부여하고 성과에 대해 객관적으로 보상한다.

이 책은 목적, 가치, 전략, 그리고 프로세스에 특별히 초점을 맞춰 조직 리더십과 셀프 리더십에 관한 다양한 측면을 다루고 있다. 그리고 이런 원칙은 사회 전체에도 접목할 수 있다. 개인 행동에 적용되는 기본 개념은 실제로 다양한 조직과 사회에도 똑같이 적용되고 있기 때문이다. 사실 "사회"는 추상적 개념이다. 사회는 실제로 존재하지 않는다. 오직 개인만 존재할 뿐이다. 한발 더 나아가면 조직과 사회는 그 자체로 가치를 갖고 있지 않다. 조직과 사회에 속한 개인이 가치를 갖고 있으며, 이런 가치만이 공유될 수 있다. 리더는 준곤 어느 조직 혹은 사회와 문화에 속한 다른 개인들의 가치에 큰 영향을 준다. 모든 개인이 올바르게 행동한다면 바람직한 결과가 나오고, 올바르지 못한 행동을 하면 부정적인 결과가 나오는 것은 당연하다. 리더가 자신을 포함하여 각 개인이 올바르게 행동하도록 이끄는 것은 조직과 사회의 성공, 그리고 인간 번영과 개인 행복의 원천이다.

이 책을 쓰면서 나는 BB&T 회장 겸 CEO로서의 경험, 웨이크포레스트경영대학원Wake Forest School of Business에서의 교수 경험, 그리고 현재 재직 중인 케이토연구소Cato Institute의 사장 겸 CEO로서의 경험에 많이 의존했다. 내가 BB&T에서 1989년부터 2008년까지 거의 20년간 일하는 동안 회사는 연평균 20%씩 성장하여 자산 규모가 45억 달러에서 1,252억 달러로 약 30배 늘었다. 이렇게 급속하게 성장해온 BB&T는 주주 이익을 기준으로 상위 25% 안에 들었으며, 2008~2009년 금융위기 중에 한 분기도 적자를 기록하지 않았다.

회사의 고객 만족도는 미국 내 대형 금융기관 중에서 가장 높았으며 직원 이직률은 가장 낮았다.

앞으로 논의할 개념은 이렇게 두드러진 성과를 내게 만든 근본 요인에 관한 것이다. 뛰어난 성과를 내는 다른 방법이 없다는 이야기는 아니지만, 강한 실천 의지를 갖고 여기 설명된 개념들을 집중해서 실행한다면 큰 효과가 있을 것이라 단언한다. 나는 이 책에서 광범위한 개념을 먼저 논의한 다음, 실제적인 사례를 통해 구체화하는 방법을 보여줄 것이다.

개인과 조직, 그리고 사회의 성공은 모든 인간의 근본적 본성과 자연 법칙에서 나오는 동일한 원칙에 바탕을 두고 있다. 이 책은 윤리의식과 목적의식을 가진 개인이 인간 번영에 기초가 된다는 것을 보여준다. '삶, 자유, 그리고 행복 추구'는 인간 역사상 가장 심오한 통찰 중 하나다.

# CHAPTER 1

## 비전

비전이란 조직이 목적을 달성했을 때의 모습을 개념화한 것이고, 개인 차원에서는 자신이 목적을 이뤘을 때 보이는 모습이다. 이런 맥락에서 비전은 그림이나 조각과 비슷하다. 예를 들어 자유의 여신상은 미국의 미래상으로, 모든 미국인이 자유롭고 개방적인 사회임을 상징한다. 강렬한 인상을 주는 비전은 복잡한 문장에 비해 조직 구성원에게 감성적 공감을 불러일으키며 분명하게 전달된다.

메릴린치Merrill Lynch 사의 황소 조각상은 튼튼한 자유 금융시장 시스템의 상징이고, 이 회사는 금융시장을 지원하는 중요한 역할을 했다(불행히도 이 황소는 2008년 금융위기로 인해 명예가 실추되었는데, 이는 최고 경영진의 리더십 실패 때문이었다). 구글의 심벌은 모든 경계를 뛰어넘어 정보가 자유롭고 개방적이며 투명하게 교류되는 이미지를 시각적으로 보여준다. 어떤 면에서는 개인 자유의 상징이다. 중국과 같이 억압적 성향을 가진 정부는 구글을 통해 흐르는 정보를 차단하곤 한다. 왜냐하면 진실이 자국 국민이 믿어주기를 바라는 것과 다르기 때문이다. 간혹 광고가 사람의 마음속에 비전을 심어주기도 한다. 유나이티드항공의 "친절한 비행을 경험하세요", IBM의 "생각하라", 오바마Barack Obama 대통령의 "희망과 변화" 등이 그 사례다. 하지만 리더가 비전의 홍보에만 집중하고 이를 실현하지 않는다면 엄청나게 큰 잘못이다. 이는 이해관계자들의 신뢰를 저버리는 것이다.

당신은 셀프 비전(자신에 대한 비전)을 갖고 있는가? 어떤 것인가? 아마 다음과 같은 것이 될 수도 있다. "내가 하는 일을 원칙에 따라 일관되게 수행하고, 나의 가치관을 공유하는 가족 및 친구들과 건강한 관계를 유지하는 성공적인 비즈니스 리더, 법률가, 가정주부, 예술가, 또는 통계학자가 되는 것이다." 우리의 비전은 실제로 달성 가능한 것일까? 그렇지 않다면 불가능한 것을 쫓느라 지쳐 낙심하고 실의에 빠질 수 있다. 반면에 실현 가능한 비전임에도 여전히 달성하지 못했다면 어떤 행동 계획을 세워야 하는가? 약점을 어떻게 보완할 것이며, 그만한 노력을 기울일 가치가 있는가? 그럴 만한 가치가 없다면 더 이상 자신을 다그치지 말고 비전을 수정해야 한다. 그럴 만한 가치가 있다면 약점을 고치도록 노력하라.

비전의 개념을 다음에 몇 가지 예로 구체화해보자. 휴 맥콜Hugh McColl은 뱅크오브아메리카Bank of America, BOA 탄생의 견인차 역할

을 했다. 그는 노스캐롤라이나은행North Carolina National Bank를 내셔
널뱅크National Bank로, 그리고 뱅크오브아메리카로 성장시켰다. 그는
미국에서 가장 큰 은행을 만들겠다는 명확한 비전을 갖고 있었다.
그리고 그 목표를 달성했다. 그의 사무실에는 유리로 만든 수류탄
이 있다. 이 수류탄 모형은 그가 해병대 복무 경험을 자랑스럽게 생
각하고 있기 때문에 가져다 놓은 것만은 아니다. 그는 자기 사무실
을 방문하는 사람들에게 마치 "당신이 내 편이라면 나는 끝까지 당
신을 위해서 싸우겠지만, 당신이 나의 적이라면 저 수류탄을 터뜨릴
수 있다"라고 말하는 듯했다. 휴 맥콜이 언제나 옳지는 않았지만 항
상 확신을 가졌다. 휴의 명료한 비전은 사람들에게 힘을 북돋아 주
곤 했다. 나는 개인적으로 휴를 좋아한다. 어떤 순간에도 항상 솔직
하고 꾸밈이 없기 때문이다.

휴 맥콜은 미국에서 가장 큰 은행을 만들겠다는 비전을 이루기 위
해 강력하고, 확고하며, 단호하고, 가끔은 무모하기까지 한 전략적
기업 인수를 공격적으로 벌였다. 실제로 BOA가 성장하는 데는 내셔
널뱅크의 BOA 인수를 포함하여 높은 위험이 따르는 기업 인수 건이
많이 있었다. 큰 규모의 기업 인수에는 많은 위험이 따른다. 특히 기
업 전체의 운명을 걸고 인수를 했지만 운이 따르지 않는 경우도 많
다. 이런 사례는 실제로 BOA가 컨추리와이드Coutrywide를 인수할 때
거대한 우발 채무를 물려받으면서 발생하기도 했다.

휴는 주주를 염두에 두긴 했지만 주주 이익 극대화를 목표로 삼지

는 않았다. 그는 오히려 종업원과 고객에게 집중하면서 몸집을 키우는 것이 근본적인 목적이었다.

BOA와 BB&T의 비전을 비교해보면 흥미로운 사실을 알게 된다. BB&T의 비전은 '존재 가능한 최고의 금융기관을 만드는 것'이다. 이 비전의 성취 여부는 사명mission의 관점에서 평가된다. BB&T의 사명은 우월한 고객 서비스와 우수한 직원, 그리고 지역 사회 내에서의 가치 창출을 기반으로 주주의 이익을 장기적으로 최적화하는 것이다. BB&T가 빠르게 성장하는 동안 성장 자체가 목적이었던 적은 없었다. 광의의 맥락에서 경영의 질이 가장 큰 목표였다. BB&T도 수많은 기업을 인수했지만, BOA처럼 위험이 큰 기업 인수 건은 하나도 없었다. 일반적인 관점에서 볼 때 BB&T는 보수적인 회사가 아니다. 단지 사실로 확인된 정보를 바탕으로 합리적인 의사결정을 내리는 데 집중한다는 규율을 잘 지켜왔을 뿐이다. 결과적으로 BB&T는 신뢰할 만하고, 대응이 빠르며, 고객을 잘 이해하고, 고객 욕구를 충족한다는 평판을 얻게 되었다. BB&T는 시속 110킬로미터 구간에서 시속 120킬로미터로 운행하는 자동차였고, 결코 시속 130킬로미터 혹은 140킬로미터를 시도한 적이 없으며, 비가 내릴 때는 시속 100킬로미터로 감속했다.

당연한 얘기겠지만, 나는 BB&T의 비전을 만드는 데 일조했기 때문에 이 비전이 더 마음에 든다. BOA의 비전도 그 나름의 매력이 있다. 두 회사의 상반된 비전에서 각각의 미래가 엿보이기도 했다.

BOA는 크고 강력한 은행이 되었지만 휘청거렸다. 하지만 BB&T는 단 한 차례의 분기 적자를 기록하지 않고 금융위기를 꿋꿋하게 헤쳐 나갔다. 만약 금융위기가 없었다면 BOA는 BB&T보다 더 좋은 실적을 냈을지도 모른다. 컨추리와이드 인수 거래는 거대한 기회였을 수도 있다. 물론 충분한 시간이 주어졌다 하더라도 이 같은 재무적 위험을 피할 수 있었을지는 의문이다.

월마트는 '저렴한 가격과 뛰어난 상품 다양성'이라는 설득력 있는 비전을 갖고 있다. 월마트는 저소득 계층의 삶의 질을 향상시키는 데 정부의 복지 프로그램을 모두 합한 것보다 더 많은 일을 해왔다. 골든코랄Golden Corral의 설립자 제임스 메이너드James Maynard는 공정한 가격으로 높은 품질의 가족 식사를 제공한다는 비전을 갖고 있다. 그는 미국에서 가장 큰 패밀리 뷔페 체인점을 만들었다.

관련성은 있으나 종류가 다른 비전이 있는데 나는 그것을 전략적 비전이라 정의한다. 거대한 부는 전략적 비전을 통해서만 창출할 수 있다. 전략적 비전은 '그림'과 같은 형태를 갖고 있기도 하지만 반드시 그럴 필요는 없다. 록펠러John D. Rockefeller는 미국에서 석유 산업을 어떻게 통합할 것인가에 관한 전략적 비전을 가졌고, 그 과정에서 산업 생산성을 빠르게 향상시켰으며 원가를 크게 낮췄다. 그는 결국 이 목적을 달성했고 미국인의 삶의 질은 현저하게 향상되었으며 미국 자동차 산업이 독자 생존할 수 있는 길이 만들어졌다. 이런 결과가 누구에게나 당연히 이루어지는 것은 아니었다. 러시아는 품질 좋은 유전을 미국보다 더 많이 보유하고 있었음에도 미국처럼 성공하지는 못했다. 러시아 정부의 정책과 더불어 록펠러 같은 리더가 없었기 때문이다.

록펠러는 영감을 주는 리더가 아니었고, 자신이 성취하고자 하는 것을 명확히 그리지도 않았다. 그러나 그의 전략적 비전은 매우 강력해서 탁월한 결과를 낳을 수 있었다.

또 다른 놀랄 만한 전략적 비전가는 빌 게이츠Bill Gates다. 그는 소프트웨어와 하드웨어의 역할을 정확하게 인식하고, 운영 시스템을 그에 맞게 설계해서 컴퓨터의 효용성을 완전히 바꿔놓았다. 그가 마이크로소프트에서 자신의 역할을 내려놓고 자선 활동에 집중하고 있다는 사실은 무척 슬픈 일이다. 그는 소프트웨어 분야에서 믿기 어려운 월등한 재능을 가진 사람이지만, 자선 분야에서는 평균보다 나은 재능을 가졌다는 증거가 아직까지 없기 때문이다. 빌 게이츠의 탁월한 재능을 더 이상 활용할 수 없게 되었다는 사실은 어쩌면 인류 발전의 큰 기회를 놓친 것과 같다. 그가 자신의 부를 기부하고 싶었다면 적어도 자선 분야에서 자신과 비슷하거나 더 나은 전문가를 쉽게 찾을 수도 있었을 것이다. 여러 분야에서 동시에 뛰어난 재능을 발휘하는 사람은 극소수에 불과하다.

스티브 잡스Steve Jobs는 사용자 친화적 소프트웨어라는 전략적 비전을 가졌으며, 그의 전략적 비전은 "보기" 쉬운 그림의 요소를 갖고 있었다. 스티브 잡스와 함께 일했던 사람들의 말에 의하면, 그는 상대하기 어려운 상사였지만 그의 비전은 전략적이고 영감을 주는 것이었다.

구글은 투명하고 쉽게 접근할 수 있는 정보와 영감이라는 비전을 갖고 있다. 월마트의 비전은 전략적이면서도 영감을 준다. 이런 비전은 고객 및 다른 이해관계자의 충성심을 불러일으킨다. 물론 따라오지 못하는 경쟁자들에게서는 비판을 받기도 한다.

내가 현재 재직 중인 케이토연구소Cato Institute의 비전은 '개인의 자유, 자유시상, 작은 정부, 평화에 기반한 자유롭고 번영하는 사회를 만드는 데 기여하는 것'이다. 우리는 '삶, 자유, 그리고 행복 추구'라는 미국 건국 당시 비전의 현대판 수호자인 셈이다. 이는 숭고한 일이다.

진보주의자들은 우리 모두가 같은 결과를 향유하는 집단주의 또는 평등주의 사회라는 비전을 갖고 있다. 이에 따르면 사람들은 각자 자신의 능력을 바탕으로 기여하고, 그와 별개로 필요에 따라 보상받는다. 이 비전은 실제로 성공적으로 구현되지 못한 낡은 비전이다. 하지만 진보주의자들은 이 비전이 실현되지 못하는 것은 그 개념을 제대로 실행하지 못해서일 뿐, 인간의 근본적인 본성 때문은 아니라고 믿는다. 이 점에 대해서는 22장에서 더 자세히 논의할 예정이다.

명확한 비전을 갖는 것이 개인의 행복과 조직의 성공에 반드시 필요하지만 그것만으로는 충분하지 않다. 비전은 우리가 성장함에 따라 진화한다. 다시 말해 조직은 변화하고, 경쟁적인 환경은 새로운 도전과제들을 만든다. 조직의 이해관계자들이 비전에 보조를 맞추도록 하기 위해서는 항상 조직의 맥락에서 비전을 갖는 것이 중요하다. 비전과 목적은 상호의존적 개념들이며, 따라서 그에 맞게 다루어져야 한다. 목적에 부합하지 않는 비전은 오히려 해로운 결과만을 낳을 것이다.

비전은 개인 또는 조직을 올바른 방향으로 안내하는 길잡이 역할을 한다. 개인의 비전과 함께 자신이 속한 조직 또는 가족의 비전을 분명히 하는 것은 가치 있는 일이다. 10년, 15년, 혹은 20년 후 나는 무엇을 하고 있을까? 자신에 대해 어떻게 느낄까? 10년, 15년, 혹은 20년 후 나의 조직은 어떻게 되어 있을 것인가? 그 조직에서 일하는 것은 어떤 느낌이 들까? 10년, 15년, 혹은 20년 후 국가는 어떤 모습일까? 지금 떠오르고 있는 그림이 만족스럽지 않다면, 그 결과를 바꾸기 위해 우리는 무엇을 해야 하는가?

실제로 모든 사람과 조직은 의식적으로든 무의식적으로든 비전을 갖고 있다. 하지만 어떤 경우라 하더라도 비전은 길잡이이며, 성취 가능한 수준에 훨씬 못 미치는 결과로 인도한다 할지라도 우리 모두는 그것을 향해 움직일 가능성이 높다.

# CHAPTER 2

## 목적

인간의 행동을 체계화하는 원칙은 목적이다. 우리는 인간이기에 목적을 갖고 움직인다. 목적지에 도달하기 위해서는 어디로 가고 있는지를 알아야 한다. 각각의 개인은 목적의식을 갖고 있어야 하며 기업, 교회, 시민단체, 대학 등 조직은 개인으로 구성된 집합체다. 조직이 성공하기 위해서는 그 조직에 속한 사람들이 조직의 목적과 사명을 향한 대열에 적극 참여해야 한다(이 책에서는 목적과 사명을 같은 의미로 사용한다).

우리는 목적의식을 가져야 한다. 많은 사람이 자신의 일을 그저 "일"로 치부하는 것을 보면 걱정스럽기 그지없다. 만약 당신이 하는 일을 그저 "일"로만 생각한다면, 결과적으로 삶에서 중요한 것을 상당 부분 놓치게 된다. 우리는 일터에서 많은 시간과 에너지를 사용한다. 인생에서 열정과 에너지를 갖고 싶다면, 자신의 일에 대해 목적의식을 가질 필요가 있다.

일의 내용은 개인에 따라 각양각색이지만 목적의식만큼은 거의 모든 사람에게 똑같이 필요하다. 목적의식은 두 가지 요소로 구성된다. 먼저 이 책을 읽는 사람들은 모두 세상을 더 살기 좋은 곳으로 만들고자 하는 열망이 있을 것이다. 사실 거의 모든 사람(100%는 아님)이 그렇다고 나는 믿는다.

다행히도 세상을 더 살기 좋은 곳으로 만드는 방법은 많다. 더 좋은 세상을 만든다는 것이 반드시 아프리카의 굶주린 어린이들에게 음식을 제공하는 것만은 아니다. 기업은 세상을 더 살기 좋은 곳으로 만든다. 미국과 아프리카 사람의 삶의 질이라는 측면에서 본다면, 가장 큰 차이는 미국이 더 좋은 기업을 많이 갖고 있다는 데 있다.

기업은 삶의 질을 높이는 제품과 서비스를 생산하고 제공한다. 비즈니스란 생산 행위다. 생산이 없으면 소비도 있을 수 없다. 유통하려면 먼저 생산해야 한다. 나의 경험으로 보면, 뭔가를 생산하는 것이 공짜로 나누어주는 것보다 훨씬 어렵다. 사업을 하는 것은 숭고한 일이다. 사업을 하고 있는 사람이라면 사업을 하고 있는 것에 대해 사과할 필요가 없다. 특히 이익을 창출하는 것에 대해 절대 사과해서는 안 된다.

세상을 더 살기 좋은 곳으로 만드는 방법은 기업 활동 말고도 많이 있다. 좋은 의사, 변호사, 주부, 교사, 벽돌공, 학자, 댄서, 저자 등

많은 사람이 세상을 더 살기 좋은 곳으로 만들고 있다. 핵심은 자신이 하는 일이 세상을 더 좋게 만들고 있다고 믿는 것이다. 굳이 원대한 일을 할 필요는 없다. 적당한 가격에 건강식을 제공하는 식당을 하는 것도 세상을 더 좋게 만드는 일이다. 자신의 일이 의미 있으며 세상에 변화를 가져다준다는 믿음만 있으면 된다.

목적의식의 두 번째 요소는 바로 자신이 하고 싶은 일을 하는 것이다. 이것은 첫 번째 요소와 똑같이 중요하지만 지금까지 충분한 논의가 이뤄지지 않았다.

우리는 자신의 삶을 잘 살 권리를 기본적으로 갖고 있다. 자신이 세상을 더 좋은 곳으로 만들었지만 그 일이 즐겁지 않은 경우가 있을 수 있다. 그것은 자신을 낭비한 것과 같다. 자신이 싫어하는 일을 하면서 세상을 더 좋은 곳으로 만들 가능성은 희박하다. 그래서 바로 자신을 위해 자신이 하고 싶은 일을 해야만 세상을 더 살기 좋은 곳으로 만들 수 있다. 일하는 목적에 "자신을 위한" 것을 포함하라.

개인과 마찬가지로 개인의 집합체인 조직도 목적의식이 필요하다. 구체적인 예를 들어서 조직의 목적과 사명을 논의해보자. BB&T는 목적 지향적인 회사로 다음과 같은 사명을 갖고 있다.

우리는 세상을 더 살기 좋은 곳으로 만들기 위해;
- 고객이 경제적 성공과 재무적 안정을 달성할 수 있도록 돕는다.
- 직원이 일을 통해 배우고 성장하며 성취감을 느낄 수 있는 직

장을 만든다.
- 우리의 지역사회를 더 좋은 곳으로 만든다.
- 안전하고 건전한 투자를 통해 주주의 이익을 장기적으로 최적화한다.

BB&T의 사명은 분명하다. 자유시장에서 제1의 신탁 의무는 주주에 대한 것이다. 주주는 우리가 사업을 할 수 있도록 자본을 제공한다. 우리는 주주를 위해 일한다. 하지만 이런 목표는 목적이지, 수단이 아니다. 어떻게 이 목표를 달성할 수 있느냐가 중요한 문제다. 만약 우리가 고객에게 탁월한 서비스를 제공한다면 주주를 위해 일하는 목적을 달성할 수 있다. 당연한 일이지만 우리가 벌어들이는 수입은 모두 고객으로부터 나오기 때문이다.

BB&T는 대인 서비스 사업을 하는 회사로, 고객에게 탁월한 서비스를 제공하기 위해서는 뛰어난 직원이 있어야 하고, 뛰어난 직원을 확보하고 유지하기 위해서는 직원들이 일하고 싶어 하는 환경을 만들어야 한다. 다시 말해 직원이 배우고 성장하며 자신의 일에서 만족을 느낄 수 있는 회사여야 한다. 그리고 이 모든 것은 지역사회 안에서 이루어진다. 지역사회가 성장하고 번영하지 못한다면 어떤 사업도 성장하거나 번영할 수 없다.

따라서 고객과 직원, 그리고 지역사회에 가치를 제공함으로써 장기적인 맥락으로 사업을 영위하며, 같은 맥락에서 주주에게 더 많은 보상을 할 수 있다.

지역사회는 공급자뿐 아니라 지방 정부까지도 포함하는 넓은 의미로 정의된다. 일반적으로 지역사회란 상생 관계를 만들어 가도록 서로 노력하는 집단이다.

어느 조직이든 다양한 이해관계자가 존재하며 이들 사이에는 거의 항상 타협이 존재하는데, 이는 장기적인 안목에서 판단할 필요가 있다. 예를 들어 고객은 대출금에 대해서는 시장 이자보다 적게 내고 싶어 하고, 예금에 대해서는 시장 이자보다 더 많이 받고자 하며, 각종 수수료는 내지 않으려고 한다.

문제는 이런 고객의 욕구를 마냥 충족시키다가는 직원들에게 급여를 줄 수 없고 결국 은행 문을 닫아야만 한다는 점이다. 그러면 주주에게는 어떤 이익이 돌아갈 수 있을까? 이해관계자 간에 균형을 맞추는 방법은 고객에게 밸류프로포지션value proposition(제품과 서비스의 가치 경쟁력)을 제공하는 것이다. 가치는 가격과 질의 상대적 관계다. 가격이 언제나 중요하다 하더라도 품질이라는 요소에 초점을 맞춰야 한다. 시장조사에 따르면 고객은 금융회사를 평가할 때 신뢰, 신속한 대응, 공감 능력, 그리고 실력에 높은 가치를 부여한다. BB&T는 고객에게 이런 밸류프로포지션을 제공할 수 있는 체계적 접근법을 개발했다. BB&T를 선택한 고객은 이것을 높게 평가했고, 회사는 직원과 주주에게 많은 보상을 할 수 있었다.

나는 BB&T 임직원들에게 다음과 같은 구호를 즐겨 말했다. "단기적으로 이익이 된다 하더라도 고객에게 가치가 없다고 생각되는 상품은 절대 팔지 말라. 그것은 결국 여러분을 괴롭히는 문제가 되어 돌아올 것이다. 고객을 잘 대우하면 그들도 그만큼 여러분을 잘 대우할 것이다."

BB&T의 사명은 주주 이익의 극대화가 아니라 최적화라는 사실에 주목해야 한다. 자유시장 경제학자들과 금융 이론가들이 이야기하는 주주 이익 극대화는 장기적인 맥락이지만, 현실에서는 단기적인 개념으로 이해되곤 한다. 또한 BB&T의 사명은 "안전하고 건전한 투자"에 초점을 맞추고 있다. 이렇게 쓴 것은 BB&T 주식에 대한 잠재적 투자자에게, 회사는 장기적 관점에서 사업에 임하고 있으며 단기적 이익을 극대화할 수 있을지라도 과도한 위험을 무릅쓰지 않는다는 메시지를 전달하기 위해서다. BB&T는 위험과 수익의 균형을 추구하는 회사이며, 이런 방침에 동의하는 주주와 투자자를 유치하고자 했다.

BB&T의 사명에 나온 "고객이 경제적 성공과 재무적 안정을 달성할 수 있도록 돕는 책임"이라는 말에 주목해주기 바란다. 우리는 고객의 성공에 도움이 되는 상품과 서비스를 판매해왔다고 자부한다. 만약 경쟁사가 더 좋은 상품을 제공한다면, 우리는 고객에게 그 경쟁사를 소개할 의무가 있다. BB&T 사명이 의미하는 것은 양질의 조언과 다양한 상품군을 제시한다는 것이다. 일부 조직은 그들의 사명을 너무 좁게 정의하는 바람에, 기술과 시장의 변화가 가져다주는 많은 기회를 놓치곤 한다.

IBM은 컴퓨터 하드웨어 사업에 머무르기로 결정함으로써 소프트웨어 혁명의 기회를 놓치는 엄청난 실수를 범했다. 마이크로소프트에 모든 것을 넘기고 만 셈이다. 반면 BB&T는 전문 지식을 갖춘 금융 서비스 제공자라는 넓은 의미의 사명을 갖고 있었다. 철도업에만 종사하는 것이 아니라, 운송업이라는 포괄적인 서비스를 제공하는 것과 유사했다.

거의 모든 기업에는 고객, 직원, 지역사회, 주주라는 네 부류의 이해관계자가 있다. 기업이 해야 할 일은 고객이 누구이며 고객에게 어떤 가치를 제공하는지 정의하는 것이다. 광의의 정의와 협의의 정의 모두가 필요하다. 다음 장에서 논의하겠지만, 이에 대해서는 다양한 전략적 질문이 있을 수 있다.

자유시장 경제에서 가장 중요한 이해관계자는 주주다. 하지만 앞서 언급했던 것처럼, 경영진이 원인과 결과를 혼동할 때 장기적으로 주주는 가장 큰 피해자가 된다. 주주에게 초점을 맞추지 않는 것은 수탁 개념에 대한 근본적 배신이다. 하지만 아이러니하게도 고객과 직원을 희생시키면서 주주를 너무 중시하면 오히려 주주에게 해가 된다. 1960년대 GM의 CEO는 회사의 사명이 "이윤 창출"이라고 발표했다. 그 뒤 곧바로 GM의 이익은 곤두박질치기 시작했다. 사실 GM은 가격과 품질이 다양한 차를 만들기 위해 설립된 회사였다. 회사의 원래 목적은 "좋은" 차를 만드는 것이었고, 그 일을 잘할 때 가장 많은 돈을 벌 수 있었다. BB&T가 추구하는 진정한 사업 목적은 고객이 경제적으로 성공하고 재무적으로 안정될 수 있도록 돕는 것이며, 이 일을 잘할 때 우리는 주주에게 돈을 벌어다 줄 수 있다.

일반적이지 않은 고객을 대상으로 하는 특화된 증권 중개 회사들이 있다. 월스트리트에서 활동하는 이런 회사들은 없어서는 안 되는 존재이며, 경제 자원을 가장 생산적인 곳으로 재배치하는 역할을 한다. 이런 회사들조차 지역사회를 갖고 있다. 비이성적인 방법으로 단기 이익 극대화에 매달리다 보면 지역사회에 큰 피해를 입히기도 한다. 그 피해는 결국 심화된 규제로 회사를 옥죄는 덫이 되어 돌아온다. 일부 리더들은 단기적으로는 영리하면서도 장기적으로는 영리하지 않은 결정을 내리곤 한다.

비영리 단체에도 이해관계자는 존재한다. 케이토연구소는 자유주의 싱크 탱크로 전 세계를 선도하고 있다. 주주가 영리법인을 소유하듯, 연구소는 후원자(기부자 포함)가 주인이다. 케이토연구소 이사회의 의무는 후원자들에게 약속한 가치를 구현하기 위해 최선을 다하는 것이다. 당연한 얘기지만, 수천 명에 이르는 후원자 개개인의 요구 사항에 모두 귀를 기울일 수는 없다. 하지만 연구소의 목표가 무엇이며, 그 목표를 어떻게 달성할 것인지에 대해서는 분명히 밝혀야 한다. 그래야만 후원자들이 연구소를 지속적으로 후원할 것인지 말 것인지를 결정할 수 있다.

케이토연구소는 매우 광범위한 고객을 기반으로 하고 있다. 후원자 그룹은 가장 중요한 고객이다. 연구소는 후원자들이 자유주의 관점에서 공공 정책에 관한 이슈들을 이해하는 데 필요한 정보와 통찰력을 제공하기 위해 노력하고 있다. 또한 연구소는 미국과 전 세계 각국에 퍼져 있는 지역사회를 대상으로, 자유롭고 번영하는 사회의 기초를 이루는 자유주의적 공공 정책을 교육하는 데 매진한다.

연구소의 다른 고객 그룹으로는 다양한 정치적 성향(진보주의자, 보수주의자, 독자 노선자, 자유주의자)과 사회문화적 특징(미디어, 정치인, 기업가, 학생)을 가진 오피니언 리더들을 꼽을 수 있다. 그리고 연구소는 자유의 비전을 공유하는 사람들의 지식과 이해를 높이고, 자유의 비전을 믿지 않는 사람들의 마음을 돌리기 위해 노력한다. 이런 목표를 가장 효과적으로 달성하는 방법은 바로 영향력을 가진 사람들에게 영향을 미치는 것이다.

조직의 목적을 명확히 하는 것은 성공을 위한 중대한 첫걸음이다. 그리고 주요 이해관계자들에게 조직의 목적을 명료하게 전달해야만 조직을 탁월한 수준으로 끌어올릴 수 있다. 무엇보다 중요한 것은 조직 구성원들이 스스로 실행하며 스스로 고쳐나갈 수 있도록 조직의 목표를 이해하는 것이다. 구성원들이 조직의 목적을 진정으로 이해하고 목적 달성에 스스로 동참한다면 관리 감독의 필요성은 훨씬 적어진다.

내 아버지는 AT&T의 장거리 전화 사업 부문에서 일했다. 아버지는 1950년대 후반에서 1960년대 전반까지 장거리 전화선의 유지 보수를 책임지는 현장 감독이었다. 장거리 전화선은 주로 전봇대에 설치되었는데 기후에 따라 전화선이 단절되는 경우가 많았다. 아버지는 전화 서비스를 복원하는 일에는 승인 없이 필요한 모든 비용을 지불할 수 있는 권한을 갖고 있었다. 실제로는 한도가 있었겠지만, 아버지는 전화선 복구에 관한 모든 책임이 자신에게 있다고 믿었다. 당시 AT&T가 장거리 전화를 사용하는 고객의 입장에서 일선 작업 감독에게 전적인 권한을 주었다는 사실에 주목할 필요가 있다.

이것이 바로 내가 BB&T 경영에 반영하고자 애썼던 교훈이다. 최종 의사결정권자는 고객과 가장 가까이 있는 사람이어야 한다. 물론 그럴 만한 능력을 갖고 있어야겠지만, 고객과 가장 가까이 있는 사람에게 의사결정 권한을 주었을 때 고객 서비스는 탁월해진다. 이를 위해서는 조직 구성원에 대한 높은 수준의 교육 훈련이 반드시 필요하다.

거의 모든 조직은 부서, 부문, 파트 등 작은 조직으로 나눠진다. 작은 조직의 리더는 전체 조직의 성공에 어떻게 기여하는가를 이해하고 소통해야 할 책임이 있다. 모든 부서는 고객을 갖고 있다. 그 고객에는 내부 고객도 포함된다. 각각의 부서는 내부 고객의 요구 사항을 "최종" 고객의 요구라는 맥락에서 파악하고 대응해야 한다. 이렇게 모든 구성원이 자신의 고객이 누구이며, 자신이 하는 일이 조직의 최종 고객, 동료, 지역사회 및 주주들에게 어떤 영향을 미치는지를 이해한다면, 자신의 과업을 효과적으로 완수할 가능성과 일에 대한 만족도가 훨씬 높아진다. BB&T에서 일하는 창구 직원들은 단지 수표를 처리하는 데 그치지 않고 고객의 경제적 성공과 재무적 안정을 위해 일한다.

이와 관련된 또 다른 예로는 홀푸드Whole Food, 스타벅스, 사우스웨스트항공 등이 있다. 이들 기업은 자신이 제공하는 가치가 단순히 제품과 서비스에서 나오는 것이 아니라 무형적 가치를 지닌 직원에서 비롯한다고 인식한다. 이런 인식이 전체 조직에 퍼질 때 직원들은 자신의 일을 좋아하게 되고 더 높은 성과를 만들어낸다.

자, 이제 개인의 목적, 바로 당신의 목적에 관해 얘기해보자. 나는 학생들과 대화할 때 "삶의 목적을 어떻게 세워야 합니까?"라는 질문을 종종 받았다. 이에 관한 내 생각을 정리하면 다음과 같다.

자신이 상대적으로 잘하는 일을 할 때는 그 일을 즐길 가능성이 훨씬 높다. 따라서 자신의 강점과 목적이 일치하면 그 목적을 이룰 가능성이 높아진다. 어떤 사람이 음악을 좋아하지만 음악적 소질이 없다면 삶의 만족도가 덜할 것이다. 대부분의 사람은 무언가를 성취하기 위해 진로를 선택하기보다는, 부모가 정해준 일을 하거나 자신의 능력을 증명하기 위해 직업을 고른다. 사람은 자신의 지적 능력에 맞는 일을 할 때 더 만족한다.

놀라운 사실일 수도 있겠지만, 통계적으로 보면 인구의 절반은 평균 지능지수IQ 이하다. 인구의 절반은 비판적 사고라는 측면에서 평균에도 못 미치고 있다는 말이다. 공감 능력과 사회성도 크게 다르지 않다. 사실 모든 분야에서 인구의 절반은 평균 이하(나머지 절반은 평균 이상)라 볼 수 있다. 이렇듯 사람들의 생각도 크게 나뉜다. 어떤 사람은 자신의 생각을 큰 덩어리로 보고 전략적으로 생각하는 반면, 어떤 사람은 전체보다는 부분을 상세하게 나눠 사고한다. 진로를 결정하거나 직업을 바꿀 때도 비슷하다. 따라서 자신의 강점과 약점을 객관적으로 보고 깊이 생각해야 한다. 그러고 나서 여러 분야의 일에서 필요로 하는 자질을 따져봐야 한다.

은행 창구 직원은 지능이 뛰어나게 높을 필요는 없지만, 꼼꼼하고 세심하며 고객과 공감하는 능력이 있어야 한다.

나의 사례도 도움이 될 것이다. 나는 엔지니어가 무슨 일을 하는지도 모르는 상태에서 공대 진학을 원했다. 이유는 고등학교 진학 상담 선생님이 권했고, 아버지가 AT&T에서 많은 엔지니어들과 일했다는 사실뿐이었다. 하지만 내가 가고자 했던 대학에는 공학 전공이 없었다. 결국 집안 어른들이 대부분 회사에 다닌다는 이유로 나는 경영학을 선택했다. 대학에 들어가서는 에이버리 코헨Avery B. Cohen 교수의 재무 강의를 들었는데, 재무도 엔지니어링처럼 수학적이고 비판적인 사고 방법을 사용한다는 것을 알게 되었다.

대학 졸업 후 로스쿨에 합격한 다음 개학 전까지 은행에서 잠시 일을 하다가, 금융에 매력을 느낀 나머지 로스쿨을 포기하고 은행업에 발을 들이게 되었다. 내가 만약 공대에 진학했다면 나중에 MBA 학위를 받은 후 제조업을 운영했을 것이고, 로스쿨에 진학했다면 기업 관련 변호사로 활동했을 것이다. 아무튼 엄격하고 빈틈없는 코헨 교수에게서 영감을 얻은 나는 은행에 지원하게 되었고 인생의 목적을 찾을 수 있었다. 첫 진로 선택은 "운"이라는 요소가 작용했지만, 나의 진로는 대부분 나 자신이 가진 능력에서 비롯되었다.

목적과 관련하여 학생들이 묻는 또 하나의 질문은, 내가 BB&T에 입사했을 때 CEO가 되고자 하는 목표를 가졌었느냐는 것이다. 나는 CEO로서의 생활을 즐겼고 그로 인해 많은 돈을 벌기도 했지만, CEO가 나의 목표는 아니었다. 나의 유일한 목표는 무슨 일을 하든지 누구보다 더 잘 해내고, 내가 하는 일을 조직 전체의 목표와 연관지어 이해하고 수행하는 것이었다. 여기에 집중하다 보면 저절로 힘이 나고 새로운 단기 목표가 끊임없이 생겼다. 최고의 경지에 오르려면 배워야 했고, 그러는 과정이 즐거웠다.

누구든 일을 잘하면 승진이나 급여 인상 등 보상의 기회가 많아진다. 또한 누구나 자기 일에 집중하고 최선을 다하는 사람들과 어울리기를 좋아한다. 탁월함 대신 승진과 보상을 목표로 삼고 일하면, 주위 사람들에게 시기와 질투를 받거나 그들을 언짢게 만들 수 있다. 한 분야에서 대가가 되는 것을 목표로 삼아야 하는 이유다.

스스로 목적의식을 갖고자 할 때는 자신의 강점과 약점, 다양한 직업에 필요한 기술 등을 객관적으로 파악해야 한다. 관련 분야에서 성공한 사람들과의 대화를 통해 어떤 자질이 필요한지 알아볼 수도 있다.

대학 교육에 의존하고 있는 직업의 범위를 넘어 진로를 고민하는 것도 중요하다. 학문적 배경에 집착할 필요가 없다는 얘기다. 예를 들어 기계를 다루는 재주가 뛰어난 사람이라면 대학 교육에서 목표로 하는 일반적인 직업보다 기계 분야에서 가능성을 찾을 수 있다. 우리 시대의 가장 큰 비극 중의 하나는, 기계를 다루는 데 뛰어난 자질이 있음에도 그런 능력을 발휘할 수 없는 직업에 종사하며 살아간다는 것이다. 이럴 경우 어떻게 그 직업에 만족할 수 있겠는가.

어떤 면에서 조직이나 사회는 비전과 목적을 갖고 있지 않다. 비전과 목적은 개인의 속성이기 때문이다. 그러나 성공하는 리더는 그 조직 구성원이 함께 움직일 수 있도록 공동의 비전과 목적을 만들어 낸다.

미국 독립선언서에 쓰인 대로, 건국자들은 모든 사람이 법 앞에 평등하고, 각 개인이 자신의 삶, 자유, 그리고 행복을 추구할 기본 권리가 보장된 자유로운 사회라는 비전을 가졌다. 이 비전을 공유하면서 가장 미국적인 인생관이 만들어졌다.

이런 맥락에서 볼 때, 건국자들이 생각했던 정부의 역할은 개인이 만든 노동의 산물을 포함하여 개인의 권리를 보호하는 것이었다.

개인은 성공과 행복을 위해 분명한 목적의식을 가져야 한다. 그 조직에 속한 구성원에게 공유된 비전과 목적의식을 불어넣을 수 있는 조직과 사회는 장기적인 관점에서 더 극적인 성공을 경험하게 된다.

# 제 1 부

## 행복 추구의 가치

# CHAPTER 3

## 현실 직시

현대 사회에서는 윤리적 일탈이 끊이지 않는다. 그러나 많은 사람들은 자신의 인생을 이끄는 일련의 가치가 중요함을 깨닫게 된다. 그럼에도 자신이 갖고 있는 가치를 효과적으로 사용하지 않고, 그저 일생을 통해 우연하게 얻게 된 가치를 뒤죽박죽 상태로 갖고 있다. 그들은 어떤 일을 하고 나서 뭔가 다른 방식으로 하지 못한 것에 대해 죄책감을 갖는다. 현실 생활에도 맞지 않고 서로 모순되는 가치들을 갖고 살아가기 쉽다.

아주 소수의 사람들만이 스스로에게 '가치는 어디에 쓰는 것인가?'라고 질문한다. 가치는 생존과 성공, 그리고 궁극적인 행복에 이르는 확률을 높여준다. 가치는 실천할 수 있을 때 빛을 발하며, 진정한 의미의 가치는 성공과 행복의 성취에 관한 것이다.

물론 올바른 가치를 갖는 것만으로 성공과 행복이 보장되는 것은 아니다. 세상에는 여러 가지 사건이 불가항력적으로 일어나기 때문이다. 하지만 올바른 가치를 갖고 있으면 성공과 행복을 얻을 가능성이 높아진다.

이런 맥락에서 가치를 이해한다면 가치가 우연의 산물이 아닌 것만은 분명하다. 가치는 하늘에서 떨어지는 것도 아니며, 어릴 적 엄마나 아빠, 혹은 주일학교 선생님이나 유치원 선생님이 말해준 것과 다를 수 있다. 우리이 생존과 성공 그리고 행복을 증진해주는 가치 체계를 갖는다는 것은 이성적으로 접근해야만 하는 과제와 같다. 답을 해야 할 근본적인 질문은 다음과 같다. 자연 법칙과 인간 본성을 고려할 때 어떤 원칙이 우리를 성공과 행복으로 이끌어줄 것인가? 앞으로 이어지는 장에서는 BB&T가 성공하는 데 토대가 되었던 10개의 핵심 가치를 논의할 것이다. 이런 가치들은 내 개인적 가치와 같다. 그리고 이것은 모든 개인과 조직, 그리고 사회 전체에 적용될 수 있을 것이라 믿는다.

다양한 가치들을 논의할 때, 각각의 가치가 서로 모순되지 않고 통합되어 있다는 사실에 주목해야 한다. 따라서 하나라도 실패한다면 다른 모든 것이 실패하는 것이다. 구체적인 내용은 제12장에서 논의할 것이지만, 가치에 관한 이야기를 시작하기 전에 우리는 현실의 속성과 우리의 의사결정 및 판단 능력에 현실이 주는 영향을 파악하고 있어야 한다.

## 현실 직시

존재하는 것은 있는 그대로다. 이는 모든 역사를 통틀어 가장 근본적인 철학적 고찰 중 하나다. 현실은 거역할 수 없다. 현실은 있는 그대로다. 우리는 현실을 투표로 정하지 않는다. 한 아이가 부모가 사는 동네 병원에서 태어난다. 엄마, 아빠, 의사, 간호사, 나무, 그리고 자연의 모든 것이 이미 그곳에 존재한다. 아이가 새로 만드는 것이 아니다. 아이에게 주어진 평생의 과업은 생존하고 성공하며 궁극적으로 행복해지기 위해 자신의 능력을 활용하는 것뿐이다. 언젠가 당신도 아이였고, 현실의 상황에 기초하여 생존하고 성공하며 행복해지려고 노력해왔을 뿐이다.

성공하는 기업은 사실에 기초하여 의사결정을 한다. 사실과 현실 간에는 미묘한 차이가 있다. 경쟁 회사가 보다 우수한 제품을 보유하고 있을 수도 있다. 우리는 그 사실을 지금 당장 바꿀 수는 없지만 미래에는 경쟁 회사보다 더 좋은 제품을 만드는 공정을 개발할 수 있다.

중력의 법칙은 근본적인 현실이며 불변의 법칙이다. 하지만 중력의 법칙이 있다고 해서 비행기를 만들 수 없는 것은 아니다. 현실(자연)의 법칙을 따르면서 이를 활용하기 위해 노력해야 한다. 프랜시스 베이컨Francis Bacon은 "자연을 정복하고자 한다면 먼저 자연에 순응해야 한다"라고 말했다.

어떤 면에서 현실의 존재 여부는 따로 증명할 필요가 없다. 그러나 대부분의 사람들은 현실을 받아들이지 않으려 한다. 이는 결국 도움이 되지 않는다. 사람들은 현실과 관련하여 세 가지 중대한 오류를 흔히 범한다. 이런 오류는 주로 사고의 오류에서 비롯되지만 현실과 밀접한 관련이 있으며 개인의 삶에 커다란 영향을 미친다.

"무언가가 어떻게 되기를 바란다고 해서 그렇게 되는 것은 아니다"라는 말은 회피라는 심리적 죄악의 은유적 표현이다. 회피는 이미 알고 있는 정보를 다시 검토해야만 하는 상황에서 생긴다. 다시 검토해야만 하는 정보가 지금 믿고 있거나 혹은 믿고 싶은 것을 위협하기 때문에 회피하는 것이다. 때로는 그런 정보를 듣는 것조차 견디지 못한다. 현실 감각을 잃으면 우리 사회의 건강도 해치게 된다.

나는 중소기업 대출 영업사원으로 경력을 시작했다. 작은 회사들이 망하는 가장 큰 이유 중 하나는 리더가 회피하는 데 있었다. 사업이 잘되고 있는 상황에서 어떤 문제가 생기면 망하는 회사의 리더는 그 문제를 회피하려 하고, 결국 회사는 망한다. 문제를 직시하지 못하면 해결할 수도 없다.

더 극적인 사례는 2007년과 2009년 사이에 일어난 금융위기 때의 시티그룹이다. 당시 시티그룹은 세계에서 가장 큰 금융기관이었다. 시티그룹은 장기 저리주택대출(서브프라임 대출) 사업을 위해 하버드와 MIT 출신 박사들로 구성된 천재 팀을 만들었다. 나는 장담한다. 우리가 장기 저리주택대출시장에 문제가 있다는 사실을 알기 훨씬 이전에, 시티그룹 뒤편 사무실에서 일하는 그 천재 팀은 이미 문제의 심각성을 알았다. 과연 그들은 무엇을 했을까? 그들은 회피했다. 이유는 간단하다. 문제를 드러내지 않음으로써 천재 팀은 물론이고 시티그룹 전체가 단기적으로 큰돈을 벌 수 있기 때문이었다. 결국 천재 팀이 시티그룹 전체를 심각한 재정적 어려움에 빠트린 것이다.

불행히도 많은 사람이 삶의 문제를 회피하면서 산다. 아마 당신의 부모, 친구, 배우자, 그리고 직장 동료 모두가 당신을 그런 사람으로 봤을 수도 있다. 신뢰하는 사람에게서 자신의 행동에 관한 이야기를 듣거나, 자신이 생각하고 싶지 않은 세상의 이야기를 듣게 된다면 반드시 진지하게 생각해봐야 한다. 현실 감각을 잃는 것은 결코 바람직하지 않다.

현실과 관련하여 범하게 되는 두 번째 오류는 대중적 지지에 대한 믿음이다. 현실은 대중의 지지와 무관하다. 1600년에는 세상 사람 대부분이 태양이 지구 주위를 돈다고 확신했다. 태양은 동쪽에서 떠서 서쪽으로 지지 않는가? 만약 지구가 태양 주위를 돈다면 우리는 왜 지구 표면에서 떨어져 나가지 않는가? 1632년, 갈릴레이Galileo Galilei는 지구가 태양 주위를 돈다는 사실을 증명했다. 대중의 생각과 현실은 전혀 달랐다.

이와 관련된 최근의 사례는 서브프라임 대출에 관한 것이다. 은행의 규모를 고려할 때 시티그룹이 해당 분야에 진출한 것은 이해할 수 있지만, 수많은 다른 중소 금융기관이 이런 고위험 사업에 참여한 것은 이해하기 어렵다. 당시 나는 해당 은행 CEO들에게 왜 그 사업에 참여했느냐고 질문했다. 그들은 모두 구차한 변명을 내놓았지만, 결국은 "다른 사람들이 모두 그 사업을 하고 있었기 때문"이라고 말했다.

당신은 다른 사람들이 하는 일에 이의를 제기하기 싫어서 그 일에 참여해본 적이 있는가? 그러고서 후회해본 적은 있는가? 창의적인 사업가는 대중의 생각에 영합하지 않는다. 그들은 대중과 다른 관점에서 기회를 찾고, 현실을 직시하면서 세상을 탐구한다. 현실은 대중적 지지와 무관하기 때문이다. 대중의 생각에 이의를 제기하는 용기를 가진 사람은 많지 않다. 그래서 사회 전체가 큰 피해를 입거나 많은 생명을 잃기도 한다. 대중의 사고는 조직과 사회에 해를 끼치는 경우가 많다.

세 번째 오류는, 현실은 권위의 영향을 받지 않는다는 것이다. 권위 있는 사람이 말했다고 해서 세상이 그렇게 돌아가지는 않는다. 1632년, 갈릴레이가 자신의 책을 통해, 지구가 태양 주위를 돈다는 사실을 입증했다. 당시 서양 세계의 정신적, 지적 지도자였던 교황은 갈릴레이의 책이 교회의 근본적인 믿음에 도전장을 내밀었다는 이유로 그를 배척했다. 교황은 갈릴레이를 가택에 감금했고 그의 책을 금서로 지정했다. 다행히 몇 권의 책이 유출되어 뉴턴Issac Newton의 만유인력의 법칙 발견과 산업혁명으로 이어지는 계기가 되기도 했지만, 지구는 계속해서 태양 주위를 돌고 있었다. 현실은 권위의 영향을 받지 않는다.

보다 최근의 사례는 스탠다드앤푸어스S&P, 무디스, 피치 등 신용평가회사들이 금융위기 때 저지른 실수다. 이들 회사는 금융상품에 대한 신용등급을 매기는 권위자들로, 정부의 보호 속에 과점 체제를 유지하고 있다. 미국증권거래위원회SEC의 감독을 받지만, 불행히도 일을 엉망으로 했다. F-에 불과한 금융상품에 A+ 등급을 부여하여 수조 달러의 손실을 발생시켰고, 수백만 명의 일자리를 한순간에 없앴다.

이런 신용등급에 의존한 것이 피할 수 없는 실수였다. 궁극적으로 신용등급을 신뢰하고 받아들이는 책임은 채권 또는 주식 투자자에게 있다. 당시 금융위기를 겪으면서 BB&T가 다른 경쟁 회사들보다 잘한 것은 위에 언급한 세 신용평가회사에 의존하여 금융상품을 매입하지 않았던 것이다. BB&T는 1990년대 초 부동산 거품으로 인한 위기로 어려움을 겪은 바 있었고, 이런 교훈 때문에 서브프라임 대출 상품의 위험을 낙관적으로 보지 않을 수 있었다.

물론 어느 정도는 권위에 의존할 수밖에 없겠지만, 우리에게는 권위자들을 평가할 책임이 있다. 신용등급이 있는 채권을 매입할 경우에는 권위자들의 명성에만 의존해서는 안 된다. 독자적으로 검토하고 평가할 수 있는 능력을 갖춰야만 한다. 큰 병에 걸렸을 때 여러 의사의 진단을 받아보는 것과 같다. 어떤 권위자가 현실과 맞지 않는 결론에 도달한다면 그 권위자가 틀린 것이지, 현실이 틀린 것은 아니기 때문이다.

현실에서 가장 중요하게 고려해야 하는 것 중 하나는 인과관계의 법칙이다. 하나의 당구공으로 다른 당구공을 맞히는 상황에 대입해서 인과관계의 법칙을 상상해볼 수도 있지만 실제로는 훨씬 더 심오하다. 인과관계의 법칙이란, 자연의 모든 것은 각각의 속성을 갖고 있으며 그 속성에 맞게 움직인다는 의미다. 당구공은 당구공답게 움직여야 하고, 코끼리는 코끼리답게 행동해야 한다. 인간은 인간 특유의 본성을 갖고 있으며, 이것에 맞게 행동해야 인간이다. 인간은 당구공이 아니다. 인간의 운명은 정해져 있지 않다. 인간 본성 가운데 가장 위대한 것은 자유의지를 갖고 있다는 것이다. 우리는 매 순간 결정하며 산다. 어린 시절부터 해온 수많은 의사결정 자체가 자유의지의 증거다. 매 순간 내리는 의사결정의 주체는 바로 자기 자신이다. 정신을 집중할 것인지 말 것이지, 어떤 곳에 머물 것인지 떠날 것인지를 결정하는 것부터 이 책을 다 읽을 것인지 말 것인지까지 모든 것이 의사결정 영역에 있다. 이 책을 읽다 보면 보고 싶지 않은 내용이나 개념이 나올 수도 있다. 그럴 때 책을 덮어버린다면 그것이 바로 회피다. 집중하지 않는 것은 회피의 다른 방식이다.

개인이든 조직이든 결정을 내릴 때 가장 중요한 것은 현실이다. 단순히 바라는 것과 대중의 지지, 그리고 권위는 이미 존재하는 현실을 결코 바꿀 수 없다. 내가 40년간 일하면서 목격한 파괴적인 의사결정 대부분은 현실이 아니라 회피에 근거를 두고 있었다.

과연 정치 지도자들은 현실을 기초로 의사결정을 하고 있을까? 아니면 갈릴레이 이야기에 나온 교황과 같을까? 대통령이 된다고 해서 현실을 회피할 능력이 생기는 것은 아니다. 최고의 정치 후보를 선택하고자 할 때 스스로에게 물어야 할 가장 좋은 질문은 "과연 저 후보자가 현실을 직시할 의지가 있는가?"다. 그렇지 않다면 그 후보자는 현실을 반영하지 않은, 듣기에만 좋은 진부한 해결책을 얘기하고 있을 것이다. 존재하는 것은 있는 그대로다.

# CHAPTER 4

## 이성 – 객관적 시각

    인간의 본성이 가진 또 하나의 독특한 특징은 사실에 근거하여 객관적으로 추론하는 능력을 갖고 있다는 것이다. 살아 있는 모든 것은 저마다 특유의 생존법을 갖고 있다. 사자는 사냥을 할 줄 알고, 사슴은 맹수로부터 달아날 수 있을 만큼 발이 빠르며, 인간은 사고하는 능력을 갖고 있다. 인간의 사고 능력은 말 그대로 생존과 성공, 그리고 행복을 위한 유일한 도구다. 사고는 노력 외에 지름길이나 요행이 없다.

    역사상 가장 위대한 천재 아리스토텔레스는 기원전 300년에 이미 사고하는 방법을 가르쳤다. 아리스토텔레스는 사실에 기초한 전제로부터 사고를 시작하고, 귀납법과 연역법을 사용하여 결론에 이르러야 한다고 말했다. 이렇게 도출된 결론은 모순 없이 일관되어야 한다. 논리의 기초가 되는 규칙은 바로 모순 회피다. 이렇게 얻어진 결론은 사고 과정에서 그다음 단계의 전제가 되기도 한다.

사고 능력을 향상시키기 위해 어떤 노력을 해야 하는지 연구하는 것은 흥미로운 일이다. 대부분의 사람은 고차원적 사고 방법에 집중한다. 경영대학원에서 강의한 적이 있는 나 역시 고차원적 사고 방법의 중요성을 강조했다. 그러나 사고 과정에서 가장 유용한 지렛대는 사고에 대한 전제다. 전제들 중 하나라도 오류가 있다면 결론에도 필연적 오류가 발생한다. 모래 위에 20층 건물을 지을 수 있는가? 대학교 박사 학위 과정에서 우리는 전형적인 지성을 갖춘 많은 교수들을 만나게 된다. 그러나 교수들의 주장은 현실과 어울리지 않는 전제를 기초로 하는 경우가 많아 일반적인 상황에서 적용하기 어렵다. 지성을 갖춘 교수라 하더라도 자신의 전문 분야가 아닌 것에 대해서는 비합리적 결론을 주장하기도 한다.

자신에게 가장 중요한 전제와 근본적인 믿음이 어디서 어떻게 왔는지 생각하고, 그것이 자신의 삶에 어떤 영향을 끼치고 있는지 연구해야 한다. 부모나 유치원 선생님으로부터 삶의 가장 중요한 전제와 근본적인 믿음이 생겼다면, 그분들은 그런 전제와 믿음을 어떻게 얻게 되었는지 질문할 필요가 있다.

삶의 중요한 전제와 근본적인 믿음은 과연 어떻게 형성되고 있는가? 우선 원시적(민간 전승적)인 방법으로 믿음이 형성되는 경우가 있다. 아무런 검증이나 검토 없이 조상으로부터 물려받는 것이다. 그리고 특정한 순서나 규칙 없이 뒤죽박죽으로 형성되는 경우도 있다. 일부는 아주 합리적이지만 다른 일부는 그렇지 않아 상호 모순이 존재하기도 한다. 우리의 의사결정이 원시적 믿음이나 뒤죽박죽 엉킨 믿음에 기초하고 있지는 않은지 잘 파악해야 한다. 당신이라면 원시적 믿음으로 치료하는 의사를 그냥 내버려 두겠는가?

누구나 부모를 사랑하고 존경한다. 그러나 부모의 행동과 사고방식 중 일부는 보다 행복하고 성공적인 삶에 방해가 된다고 생각할 수 있다. 그래서 이런 부모의 행동과 사고방식에 벗어나려 하지만 자신의 상황도 부모의 그것과 크게 다르지 않음을 알게 된다. 사고 능력을 향상시키고 더 행복해지기를 바란다면 자신의 기본적인 전제와 믿음을 검증해볼 필요가 있다. 현실과 맞지 않는 모든 전제를 거부하라. 제대로 된 전제는 현실에 부합한다. 그리고 현실에 존재하지 않는 모든 모순을 거부하라. 잘못된 전제와 비현실적인 모순은 파괴적 결론을 이끈다.

연역적 사고는 일반적 원칙을 구체적으로 적용하는 것이다. 예를 들어 "모든 인간은 죽는다. 소크라테스는 인간이다. 따라서 소크라테스는 죽는다"의 형식이다. 일반 원칙을 구체적으로 적용하는 것은 인간의 중요한 능력 중 하나다. 다행히도 이 책의 독자라면 연역적 사고에 능하다고 볼 수 있다. 반대로 정치인을 포함한 많은 사람이 제대로 된 연역적 사고를 할 줄 모른다. 연역적 사고의 규칙은 이미 오래전에 확립되었다. 하지만 회피를 통해 사람들은 연역적 사고를 거부한다. 연역적 사고에서 당연하게 뒤따르는 결론을 듣고 싶어 하지 않는 것이다.

연역적 사고가 유용하지만, 인간의 사고 능력에 진정한 위력을 발휘하는 것은 귀납적 사고다. 귀납적 사고는 일련의 구체적 사례로부터 일반적 결론을 도출할 때 사용된다. 인간이 모두 죽는다는 것을 어떻게 알았는가?

개념 정립은 귀납적 사고의 시작이다. 사람이라면 누구나 개념을 만든다. 어떤 사람은 남보다 개념 정립을 더 잘하기도 한다. 의자와 다른 물건과의 차이를 우리는 어렸을 때부터 인지한다. 그리고 의자라는 단어 혹은 개념을 실제 세계에서 구체적인 사물로 기억한다. 이처럼 어린아이가 개념을 사물과 결부하는 것을 보면 부모들은 무척 기뻐한다. 아이의 사고 과정이 시작되었음을 알았기 때문이다. 자식이 있는 부모는 누구나 경험해봤을 것이다. 탁자 역시 다른 물건과 다름을 알게 되고, 탁자라는 단어나 개념을 습득하게 된다. 이런 과정을 거치면서 사람들은 의자와 탁자, 그리고 가구라는 개념을 이해한다. 이런 식으로 어떤 사물이 다른 것과 어떻게 다르고 비슷한지를 깨달으면서 더욱 복잡한 개념들을 이해해나간다.

개념 정립은 다음과 같이 설명된다. 첫째, 개념은 놀라울 정도로 강력한 사고 도구다. 예를 들면 세상에는 수십억 개의 의자가 있다. 의자라는 개념을 이해함으로써 우리는 수십억 개의 사물을 이해할 수 있게 된 것이다. 만약 의자를 개념 대신 지각된 내용만으로 이해하고 있다면 수십억 개의 의자를 서로 다르게 받아들여야 할 것이다. 개념이 없었다면 인간은 의자를 발명하지 못했을 것이다.

두 번째로, 개념 정립을 이해한 사람은 어느 것도 확실한 것이 없다는 불가지론자의 주장에 대항하며 무엇이든 배우고 파악할 수 있게 된다. 의자를 예로 들어보자. 어렸을 적 의자의 개념을 확립한 사람은 어른이 되어서도 의자에 대해 완벽하지는 않지만 확고한 지식을 갖게 된다. 우주 만물은 모두 연결되어 있어, 모든 것을 완벽하게 알기 전까지는 누구도 어떤 것에 대해 전부 안다고 말할 수 없다. 그러나 의자에 대해 완벽하지 않은 지식을 갖고 있다고 해서 자신이 알고 있는 의자에 대한 지식이 틀렸거나 부적절하다고 볼 수는 없다. 인간의 지식이 제한적이라는 점을 감안할 때, 모든 것을 완벽하게 알아야 한다는 잣대는 전적으로 비이성적일 것이다.

인간은 언제 어디서나 무엇이든 배울 수 있다. 의자의 개념을 습득한 어린아이는 성장하면서 의자에 관해 더 많이 알게 된다. 핵심은 자신이 가진 개념들이 추가 정보를 받아들일 수 있도록 열어두는 것이다. 그렇다고 자신의 지식을 확신할 수 없다는 것을 의미하지는 않는다.

개념 정립에 관한 마지막 생각은, 개념이 구조적이라는 사실이다. 개념은 서로를 기반으로 발전한다. 가구의 개념을 이해하기 위해서는 의자와 책상의 개념을 이해해야 한다. 상위 개념은 하위 개념에 의존한다. 또한 단순한 사물에서 시작된 개념은 자유, 정의, 사랑, 정부의 역할, 경제 시스템 등 복잡한 상위 개념으로 확장된다. 다행스러운 사실은 의자와 책상 같은 개념을 우리 스스로 학습했다는 것이고, 불행한 것은 우리가 갖고 있는 복잡한 상위 개념은 대부분 남에게서 얻었다는 것이다. 우리는 거의 대부분 권력자 혹은 권위자로부터 상위 개념을 얻었다. 그렇다고 상위 개념이 유효하지 않다는 의미는 아니다. 단, 상위 개념을 안다고 주장하기 전에 이를 분명히 이해하고 있어야 한다. 그리고 이런 개념이 현실에 근거하고 있는가를 살펴야 한다. 현실에 근거하지 않는 개념은 더 이상 유효하지 않다.

리더십과 행복을 논하는 책에서 개념 정립 이야기를 하는 이유는 뭘까? 개념은 효과적 사고를 위해 사용하는 유용한 도구이기 때문이다. 잘 정립된 개념은 모든 분야에서 최고의 경지에 오르는 데 반드시 필요하다. 우리는 새로운 세계에서 경쟁하고 있다. 70억 명 이상의 인구가 과거보다 더 좋은 교육을 받고 있으며, 기술 발전으로 이 세상은 더 좁아졌다. 나보다 적은 돈을 받으면서도 기꺼이 일하는 사람이 생각보다 많다는 의미다. 새로운 경쟁의 시대에서 성공하기 위해서는 자신의 활동 분야에서 대가가 되어야 한다. 대가는 모든 일에 확실한 개념을 정립하고 있으며, 이를 귀납적 사고의 도구로 활용한다.

어떤 분야에서 최고의 경지에 오른 사람도 있지만 그렇지 못한 사람도 많다. 앞서 언급했던 에이버리 코헨 교수는 교육 분야의 거장이다. 대학 시절 만난 교수님 가운데 일부는 그저 시간을 때우느라 수업을 허비하곤 했다. 환자의 건강보다 사업적 수익에만 집중하는 의사를 만나본 사람도 많을 것이다. 금융계에서도 복잡한 금융 정보를 분석하고 종합적인 의사결정을 내리는 달인이 있다. 그들은 다른 사람들보다 월등히 나은 성과를 보이곤 한다. 이 외에도 배관, 전기, 미용, 자동차 수리, 집안일 등에도 대가가 존재한다. 한 분야에서 대가의 경지에 오른다는 것은 매우 중요하다. 대가의 경지에 오르게 되면, 행복을 가져다주는 성공과 성취감의 토대가 만들어졌기 때문이다. 한 가지 더 언급하면, 어느 분야에서든 대가는 세상을 더 살기 좋은 곳으로 만든다.

대가의 경지에 오르기 위해 필요한 것은 무엇인가? 몇 쪽의 설명으로 이 질문에 대답하기는 어렵다. 여기서는 몇 가지 화두를 던지고자 한다. 우선 자신이 타고난 재능을 십분 발휘할 수 있는 직업을 선택하는 것이 중요한 출발점이다. 특정 직업에 적합한 능력이 없다면 그 분야에서 대가가 되기는 어렵다. 물론 불가능하지는 않지만 생산적이지 못하다.

공부와 독서는 대가에게 볼 수 있는 일반적인 특성이지만, 그들은 삶의 경험을 통해 배우는 데 탁월한 능력이 있다. 모든 인간은 경험을 통해 학습한다. 단지 대가는 정규 교육 과정에서 배운 광범위한 원칙을 기반으로, 자신의 인생 경험에서 얻은 원칙을 수정하고 적용하는 데 능하다. 대가는 기본적인 개념을 정립하여 복잡한 자료를 알기 쉽게 정리하고 이를 의사결정에 활용한다. 귀납적 방법으로 터

득한 개념을 무의식적으로 결합하여 해결책을 만들어낸다. 그들은 개념이 사고 도구라는 사실을 충분히 인식하고, 각 개념이 갖고 있는 유사점과 차이점을 이해하며, 여러 개념을 결합함으로써 새로운 개념을 만들어나간다.

대가의 경지에 오른 사람은 실수나 실패도 효과적으로 활용한다. 누구든 실수를 통해 배운다는 사실을 잘 알고 있다. 실수나 실패가 전화위복의 계기가 되는 경험을 하기도 한다. 하지만 실수를 통해 아무것도 배우지 못하는 경우도 많다. 어떤 사람은 가끔 하지 말았어야 할 일을 하고 나서, 과거에 똑같은 일을 했던 것을 발견하기도 한다. 종종 우리는 실수를 인성의 일부로 만들어서 똑같은 실수를 반복하기도 한다. 왜 실수에서 배우지 못하는가? 실수에서 배우기 위해서는 우선 실수를 인정하고 그 실수의 진정한 원인(피상적 원인이 아닌)을 찾아야 한다. 실수를 인정하지 않고 원인을 직시하지 않는 회피로 인해 배우거나 성장하지 못한다. 베어 스턴스Bear Stearns는 경영진이 대차대조표 상에 나타나지 않은 서브프라임 자산에 내포된 평판 위험을 회피했다. 하지만 시장은 곧 그들이 회피했다는 사실을 만천하에 드러냈다.

뛰어난 경험 학습자는 회피를 하지 않는다. 그래서 다른 사람들보다 더 빨리, 더 많이 배운다. 그들은 자신의 실수에 대해 전적으로 책임지기 때문에 새로운 출발을 할 수 있고, 나중에 같은 실수를 반복하지 않는다.

뛰어난 경험 학습자는 초점 있는 삶을 산다. 이와는 대조적으로 많은 사람은 초점을 잃고 인생의 대부분을 보낸다. 다시 말해 두뇌를 공회전하며 산다. 초점을 잃으면 배울 수 없다. 나는 BB&T 재직 당시 CEO로서 33개에 이르는 지역단위은행을 운영했다. 각 은행을 정기적으로 방문하고 기업 경영사 및 지역 공동체 리더로 구성된 현지 자문위원들과 점심을 즐겼다. 점심시간은 지루한 적이 없었다. 함께했던 사람들이 질문하고 의견을 밝히고, 이의를 제기하며 적극적인 토론을 했다. 그들이 성공한 이유를 쉽게 알 수 있었다. 그들은 모든 일에 깊은 주의를 기울였던 것이다.

BB&T에서 일하는 동안 나는 대학을 졸업하지 못한 행원이 나중에는 대학을 졸업한 동료보다 더 높은 실적을 내는 것을 자주 목격했다. 이들은 자기 자신과 다른 사람을 객관적으로 보고 있었다. 이런 시각 덕분에 그들은 경험에서 배우는 경우가 많았다. 이들은 적당한 위험을 기꺼이 무릅썼고, 자발적으로 배웠으며, 실수 앞에서도 회피하지 않았다. 더구나 그들은 자신이 하는 모든 일에 전념했다. 세세한 것에 주의를 기울였고, 더 나아가 지속적으로 노력했다. 은행이 제공하는 모든 교육 기회를 최대한 활용하기도 했다.

높은 지능을 가진 사람이 성공할 수도 있겠지만, 내가 알고 있는 성공한 사람 대부분은 모든 일을 회피하지 않고 항상 초점을 유지했다. 이런 특성은 결국 엄청난 경쟁우위가 되었음은 두말할 나위도 없다.

종종 이성적인 대화를 하는 도중, 사람들은 종교와 신앙의 역할에 대해 묻곤 한다. 나는 가급적 종교나 신앙에 관해 논의하지 않으려 노력한다. 이유는 분명하다. 내가 그 분야의 전문가가 아닐뿐더러, 이 주제로 이야기를 할 경우 많은 사람이 감정적으로 반응하기 때문이다. 나는 신이 우주를 창조할 때 신이 원하는 대로 만들었으며, 대자연의 법칙은 신이 의도했던 것과 똑같다고 생각한다. 신은 전지전능하다. 신은 인간을 자신이 원하는 모습과 똑같이 만들었다. 인간의 본성은 신이 의도한 대로 만들어진 것이다.

이런 맥락에서 볼 때 신은 인간에게 매우 독특한 생존 도구로 이성적 사고 능력을 부여했다. 이 도구를 통해 인간은 신이 만든 자연의 법칙을 이해하고 이상적인 삶의 방법을 찾곤 한다. 우리에게 부여된 이성적 사고 능력이 진화에 의한 것인지 신의 지혜 덕분인지 여부는 중요하지 않다. 이성은 생존과 성공, 그리고 행복을 얻기 위한 도구다. 그리 대단하지 않을 수 있지만, 개인의 의견이란 점을 고려하기 바란다.

사고 능력은 중요한 성공 도구이며 조직은 개인의 집합체라는 두 가지 사실을 감안하면, 이성적 사고를 장려하는 조직은 장기적으로 더욱 성공할 것이라는 추론에 이를 수 있다. 뻔한 얘기지만, 새로운 형태의 일을 하는 데는 더 많은 사고가 필요하다.

조립라인이 생산성을 높인 것은 분명하지만, 테일러Frederick Taylor 가 작업을 극도로 단순화함으로써 생산성을 오히려 하락시킨 부분도 있다. 그 당시 함께 발전된 기술에 의해 테일러의 오류가 상쇄되었을 뿐이다. 나의 의견으로는, 노동운동의 핵심은 임금 상승이 아니라 일의 의미 저하를 우려하는 것이다. 따라서 일의 의미를 높이고 직원들의 사고 능력을 적극적으로 활용하는 조직은 장기적으로 더욱 성공할 것이다.

사회적 차원에서 이성을 하나의 가치로 받아들인다면 교육 시스템의 역할은 분명해진다. 비판적이며 논리적인 사고를 할 수 있게 가르치고, 그렇게 함으로써 현실에 근거한 객관적 판단이 가능하게 만드는 것이다. 교육 시스템의 성공 여부는 비판적 사고로 합리적 의사결정을 하는 학생의 육성에 달려 있다. 모든 사람이 이성적으로 생각하고 판단한다면 소위 말하는 사회 동화 문제는 대부분 사라질 것이다. 사회 동화로 인한 문제는 비이성적 사고에서 비롯되기 때문이다.

현재 미국 정부가 운영하는 학교 시스템은 실패작이다. 미국은 학생 단위당 투자 금액을 급격하게 늘렸지만 학생의 비판적 사고 역량은 신장되지 않았다. 교육 시스템의 기본 목표에 문제가 있는 것은 당연하다. 공립학교가 갖고 있는 근본적인 문제는 교육 목적이 비판적 사고 능력의 배양에 있지 않고 사회가 요구하는 것에 맞추고 있다는 사실이다. 더구나 학생들은 실수에서 배울 수 있는 기회조차 원천 봉쇄되어 있다. 실패한 교육 시스템이 사회에 미치는 부정적 영향은 실로 막대하다. 특정한 기술을 습득하는 것은 의미가 없다.

빠른 변화와 치열한 경쟁, 그리고 글로벌화된 환경에서는 기술의 진부화가 심각하기 때문이다. 중요한 기술은 비판적 사고 능력뿐이다. 컴퓨터가 인간을 대신해서 일상적인 일을 처리해주는 시대에서 인간의 비판적 사고 능력은 더욱 중요해졌다. 미국 중산층이 감소하는 주요 원인 중 하나는 공립학교가 학생들에게 비판적 사고 능력을 기르는 데 기여하지 못했다는 점이다. 이 주제에 관해서는 제6장에서 좀 더 논의한다.

# CHAPTER 5

## 독립적 사고 – 책임과 창의성

독립적 사고란 사실에 기초한 이성적 사고의 힘을 활용하여 스스로 의사결정을 하고 판단하는 것을 의미한다. 독립성은 스스로 내린 판단을 책임진다는 사실을 깨닫는 것이기도 하다. 물론 우리는 다른 사람들에게서 배운다. 그래서 팀워크가 중요하다고 한다. 그럼에도 우리는 홀로 생각하는 존재다. 누구도 자신을 대신해서 생각해줄 수는 없다.

독립적 사고는 책임감과 창의성이라는 두 가지 자질을 가능케 한다. 가장 중요한 것은 의식적이든 무의식적이든 주인의식을 갖는 것이다. 자신이 인생의 어떤 면에서 피해자라고 생각한다면 자신의 인생에 대한 주도권을 포기하는 셈이다. 자신이 진정한 피해자라면 자신의 행복을 위해서라도 누군가가 바뀌어야만 한다. 그러나 자신이 원하는 대로 다른 사람을 바꿀 수는 없지 않은가. 인종, 성, 국적, 종교 등 다양한 이유로 자신이 피해를 입고 있다고 생각할 수 있다. 부모 탓을 하는 사람도 있다. 부모 때문에 불행하다고 생각하는 사람이 많으면 심리학자와 정신과 의사, 그리고 제약회사들의 배만 불려주게 된다.

부모 탓은 그만하라. 어떤 부모는 자상하고 사려 깊으며 사랑이 넘친다. 그렇지 않은 부모도 많다. 하지만 자신에 대한 책임은 자신에게 있다. 좋은 사람에게 나쁜 일이 일어나기도, 나쁜 사람에게 좋은 일이 일어나기도 한다. 세상일이 다 그렇다. 자신에게 일어나는 일은 자신이 책임져야 한다.

누구나 알면서도 인정하고 싶어 하지 않는 사실 중 하나는 '우리는 모두 혼자다'라는 것이다. 슬픈 얘기지만, 머릿속의 의식이라는 차원에서 보면 우리 모두는 혼자다. 자신은 자신만이 책임질 뿐, 어느 누구도 대신해서 책임질 수 없다. 결국 자신을 지배하고 책임지는 사람은 자신이다. 이런 개념을 반대로 적용해도 유효하다. 우리는 자신 이외에 다른 사람을 책임질 수 없다. 이 주제는 부모 혹은 기업이 저지르는 일반적인 실수로 이어진다.

우리는 자녀를 책임질 수 없다. 하지만 자녀가 자신을 책임지도록 가르칠 책임은 있다. 자녀가 자신이 한 행동으로 인해 예상되는 좋거나 나쁜 결과를 인식할 수 있도록 가르치는 것에서 시작하라. 결과의 중요성을 인식하게 하는 것이다.

관리자는 직원을 책임질 수 없다. 그러나 직원이 자신을 책임지도록 가르칠 책임은 있다. 책임지기를 거부하는 직원이 있다면 교체하라. 조직이라는 환경에서 책임감 결여는 어떤 평계로도 용인될 수 없다.

개인의 책임은 현대 사회에서 가장 중요한 문제다. 자유 사회는 근본적으로 개인의 책임에 의존하고 있기 때문이다. 나는 학생들에게 항상 질문한다. "자신의 행동을 책임지는가? 아니면 남이 만들어놓은 것을 누리고만 있는가?" 책임감 없이 행동하는 것은 남에게 의존하는 것과 같다. 남에게 의존해서는 행복해질 자격조차 없다. 행복은 책임감을 갖고 노력함으로써 얻어진다. 의존을 조장하는 사회 시스템은 진정한 행복을 성취할 수 있는 개인의 능력을 파괴한다. 의존하기로 마음먹는 것은 행복하지 않겠다고 다짐하는 것과 같다.

창의성 또는 혁신은 말 그대로 인류 발전의 원동력이다. 누군가 더 나은 것을 새롭게 만들지 않으면 어떤 발전도 있을 수 없다. 창의성 혹은 혁신은 독립적인 사고를 하는 사람에게서 비롯된다. 군중과 같은 생각을 하는 사람을 창의적이거나 혁신적인 사람이라 부를 수 없다. 그 사람은 현상 유지 차원에서 생산적일 수도 있지만 사회 발전에는 진정으로 기여할 수 없다.

개인적인 차원에서 창의성을 가로막는 장애물은 곳곳에 널려 있다. 현재의 교육 시스템이 가장 대표적이다. 일부 연구 결과에 따르면, 대다수 어린이는 다섯 살 때 뛰어난 창의성을 보이지만 스물다섯 살에 이르러서는 창의성 점수가 크게 떨어진다. 현재의 교육 시스템은 비창의적인 학생을 육성하고 있는 것이다. 창의적으로 행동하는 학생은 학교에서 호된 대가를 치른다. 교사는 창의력을 기준으로 학생을 평가하거나 보상하지 않는다. 중국을 비롯한 일부 아시아 국가의 상황은 더 나쁘다. 이들 국가는 경제와 생활 수준이 일정 정도에 이르면 더 이상 성장하기 어려울 것이 분명하다. 결국 교육 시스템이 성장의 한계로 작용할 것이다.

많은 사람이 창의성을 마법처럼 설명하기 힘든 재능이라고 생각한다. 창의성은 일종의 지적 사고 과정이다. 창의력의 대부분은 의식 상태에서 생기는 것이 사실이지만, 사고의 대부분은 잠재의식 상태에서 일어난다. 다음의 비유가 완벽하지는 않겠지만 어느 정도 유용할 수 있다. 의식을 프로그램으로, 두뇌를 컴퓨터로 생각해보자. 우리는 어릴 적부터 잠재의식 속으로 많은 컴퓨터 프로그램을 개발하여 저장해왔다. 그 수많은 프로그램이 바로 우리의 행동을 이끈다. 우리는 무의식적으로 프로그램에 따라 행동하며 인생의 대부분을 보낸다. 프로그램은 우리가 원한다면 바꿀 수 있다. 물론 쉽지 않은 과정이지만 해볼 만하다.

대부분의 창의력은 이미 작성되었거나 작성하고 있는 프로그램에 따라 잠재의식 속에서 나온다. 깨어 있는 의식에 따라 특정한 행동을 지시하는 경우도 있으나 우리 행동의 상당 부분은 자동항법장치처럼 자동적으로 일어난다. 가끔은 창의성이 잠재의식에서 의식 속으로 느닷없이 들어오기도 한다. 창의력을 키우기 위해서는 지적 사고 활동을 늘리는 수밖에 없다.

창의적인 사람은 적어도 두 가지 공통점이 있다. 첫째, 자신이 창의력을 갖고 있다고 믿는다. 자신에게 창의력이 없다고 믿는 대다수의 일반인과 다른 점이다. 창의력이 없다는 믿음은 창의성을 가로막는다. 둘째, 자신이 창의적이어야만 한다고 믿는다. 결국 모든 것은 믿음에서 비롯된다.

조직의 차원에서 창의성을 유지하는 것은 균형을 잡아나가는 것과 같다. 조직은 구성원들의 행동 규범을 제시하는 합의된 기본 원칙을 갖고 있어야 한다. 더구나 지속적인 성과를 내려면 내부적으로 합의된 절차가 반드시 필요하다. 이런 환경에서 어떻게 창의적인 조직을 만들 것인가?

나는 이 목표를 달성하기 위해 BB&T에서 진행했던 활동 일부를 공유하고자 한다. 첫째, 모든 의사결정이 고객과 가까운 곳에서 이루어지도록 분권화된 조직을 구축했다. 이를 위해 BB&T는 많은 투자를 했으며, 사내에서 "생산적인 창의성"을 기르기 위한 교육 과정을 운영하기도 했다. 생산적인 창의성이란 조직 전체의 성과를 향상시키는 변화다. 창의적 변화가 조직 전체의 성과를 향상시키는 경우는 많지 않다. 또한 일부 팀이나 부서에는 긍정적 영향을 주지만 나머지 조직을 희생시키는 경우도 있다. 이런 관점에서 창의적 변화는 실제로 파괴적이기도 하다. BB&T의 생산적 창의성 교육 프로그램

의 관점에서 보면 모든 관리자는 혁신 목표를 갖고 있으며 이 목표
에 따라 평가받는다. 회사 비전과 사명, 그리고 가치를 제외한 모든
것이 혁신과 변화의 대상이다.

앞서 언급했듯이 창의성과 혁신은 인류 발전의 원동력이다. 창의
적 사업가의 등장이 중요한 이유도 여기에 있다. 이들은 엔지니어와
과학자 그리고 학자들의 생각을 가져와 현실로 만든다. 창의적 기업
가 정신이 없다면 발전도 없다.

창의적이고 혁신적인 사람으로 만들려면 그가 옳다고 믿는 것을
마음껏 추구할 수 있게 해줘야 한다. 창의와 혁신을 가로막는 조직
과 정부의 모든 규제는 철폐되어야 한다. 물론 경제 안정을 위한 기
본적인 법규와 규제는 불가피하다. 그래야만 서로의 이익을 해치지
않는 기본적인 관계를 제공하기 때문이다. 그러나 광범위한 규제는
경제 발전의 적일 뿐이다.

기본적으로 창의적 사업가는 실험가다. 대부분의 사업가적 아이
디어는 창의적 아이디어가 그렇듯이 결과가 좋지 못하다. 그러나 일
부는 좋을 수 있으며, 아주 소수의 아이디어는 엄청나게 좋다. 자유
시장은 생산된 제품과 서비스에 대한 소비자의 반응을 토대로 아이
디어가 좋은지 나쁜지를 결정해준다. 사회주의와 공산주의 파시즘
등 국가가 통제하는 시스템은 성공하지 못했다. 혁신과 창의성을 위
한 토양이 없기 때문이다. 정부가 힘을 사용하면 할수록 혁신은 위
축된다.

케이토연구소는 최근에 인간 행복의 변천사를 다룬 〈빈곤과 발전〉이라는 책을 출간했다. 호모 사피언스에서 진화한 이래 1700년대 말까지 인간의 수명은 어느 정도 늘었지만, 25살에서 30살 수준에 머물렀다. 그러나 1700년대 말부터 인간의 수명은 획기적으로 연장되기 시작했다. 그 도화선에 처음으로 불을 붙인 것은 서양 문명이었고 지금은 지구 전체로 확대되고 있다. 1700년대 말 위대한 불과 바퀴보다 더 중요한 혁명적 발명품이 나왔는데, 바로 개인의 권리와 법규의 결합, 정치와 경제가 격합한 자본주의다. 자본주의는 개인이 스스로 생각하고 새로운 아이디어와 상품을 실험할 수 있게 해주었다. 자유는 경제적 행복의 원천이다.

인간은 다른 사람들로부터 배우고 팀을 이뤄 복잡한 일을 수행하기도 하지만 오직 개인만이 사고한다. 그룹은 사고를 할 수 없다. 창의와 혁신을 통한 생산성 증대를 원한다면, 개인이 스스로 사고하고 자신이 옳다고 믿는 진실을 추구하는 자유가 주어져야 한다. 자유로운 사회는 개인의 책임 있는 행동을 요구함과 동시에 창의력을 발휘할 수 있게 해준다. 창의적이고 혁신적인 개인이 책임 있게 행동하고 사고할 때 사회가 번영한다.

# CHAPTER 6

## 생산성 – 수익성

생산성의 핵심은 일을 완수하는 것이다. 생산성은 원하는 것을 실제로 만들어내는 행위다. 자동차와 같은 물리적 상품을 만들거나 옥수수를 재배하는 것은 생산적인 활동이다. 책을 쓰고 강연을 하거나 컴퓨터 프로그램을 개발하는 것뿐 아니라 아이디어를 창출하고 그것을 실용화하는 것도 모두 생산적 활동이다.

일반적으로 개인의 생산성은 일을 완수하겠다는 강한 의지에 달려 있다. 높은 생산성을 보이는 사람과 그렇지 않은 사람은 심리적으로 큰 차이를 보인다. 높은 생산성을 올리는 사람은 주어진 일을 완수하겠다는 확신을 갖고 일에 임하지만, 낮은 생산성을 보이는 사람 대부분은 일을 하면서도 실패에 대한 변명거리를 찾는다.

BB&T 이야기로 돌아가 이 개념을 구체화하고자 한다. BB&T의

CEO로 재직할 당시 나는 전국에 퍼져 있는 지점을 자주 방문했다. 실적이 낮은 지점을 방문해보면 그 지점장은 늘 핑곗거리가 있었다. 대출 금리나 예금 이자율이 경쟁 은행들보다 좋지 않아 사업을 확장하고 성과를 낼 수 없었다고 한다. 그리고 은행 입구 맞은편에 있는 조명이 너무 밝아 은행 간판이 잘 보이지 않는다고 한다. 본사 컴퓨터 시스템이 불편하고 고장이 자주 나 고객 불만이 크다고 한다. 물론 해결하기 어려운 다양한 문제가 각 지점에 존재하지만, 지점장을 교체하면 지점의 실적이 급격하게 좋아지는 경우가 많았다.

이런 경험은 스털링 어워드Sterling Award 상을 받은 이들과 비교되기도 한다. 이 상은 고객을 상대하는 직원 가운데 가장 생산적인 직원에게 수여된다. 적어도 수천 명의 직원이 이 상을 받을 수 있는데, 흥미로운 사실은 한 번 상을 받은 직원이 반복적으로 수상자에 오른다는 것이다. 이들 수상자와 대화해보면, 그들은 자신이 이룬 성과가 무엇이며 내년에는 어떤 성과를 올릴 수 있다고 자신 있게 말한다. 이들은 성과가 낮은 사람들과 똑같은 난관에 부딪히지만, 결과에 집중하며 실패에도 다시 일어선다. 결코 포기하지 않고 일을 완수하겠다는 마음을 갖는다. 반면 성과가 나쁜 사람은 구실을 찾기 바쁘다.

넓은 맥락에서 보면 계획과 사고, 실행 사이에서 적절한 균형을 잡아야 한다. 생산적인 사람은 계획하고 생각하며 동시에 행동한다. 어떤 사람은 분석만 하고 앉아 있으며, 또 어떤 사람은 생각 없이 행동한다. 생산적인 사람이 되기 위해서는 사고와 계획, 그리고 행동이 필요하다. 앞으로도 계속 논의하겠지만, 팀에는 분석적 성향이 강한 사람과 실행 성향이 강한 사람을 모두 포함하는 것이 바람직하다. 물론 이렇게 하는 목적은 일을 완수하는 것, 즉 생산하는 것에 있다.

기업의 (장기적인) 이익은 조직이 소망한 결과다. 이익은 생산된 가치에서 그것을 생산하는 데 들어간 비용을 뺀 것이다. 이익은 클수록 좋다. 이익을 많이 내기 위해서는 조직이 효율적이고 생산적이어야 한다. 넓은 의미에서 생산성은 수익성을 좌우한다.

BB&T에서 효율성은 핵심 평가지표 중 하나로 비용 대비 수익의 비율을 말한다. 이 지표 기준으로 BB&T는 주요 금융기관들 중 상위 5%를 유지했다. 효율성과 생산성 중시 경영을 통해 BB&T는 견실한 재무 실적을 내고 있었던 것이다.

간혹 이익이 나쁜 의미로 사용되는 것은 유감스럽다. 누구도 정직한 이익에 대해 사과해서는 안 된다. 손실에 대해서는 사과해야 한다. 손실은 부의 파괴를 의미하기 때문이다. 이익은 부의 창출인 동시에 인류 번영의 원천이다. 기업이 정당하게 획득한 이익의 개념을 옹호하는 것은 매우 중요하다. 그렇게 하지 않으면 기업 구성원이 하는 일을 도덕적으로 방어할 수 없게 되며, 결국 생산성은 하락한다.

## 생산성을 만드는 세 개의 기둥 - 인류 번영

인간의 지적 능력은 유일하면서도 진정한 의미의 천연자원이다. 석유는 300년 전만 해도 인간에게 쓸모없는 자원이었다. 물론 지금도 곰에게는 여전히 쓸모가 없다. 30년 전 통신은 구리로 만든 두껍고 값비싼 케이블을 통해 이뤄졌다. 지금은 통신이 지구 상에서 가장 흔한 재료인 실리콘으로 만든 값싼 광케이블이나 무선으로 이뤄진다. 인간의 지적 능력이 만들어낸 이 발명품은 컴퓨터 시대를 열었다. 이런 맥락에서 보면 유일하며 진정한 천연자원은 인간의 지적 능력이다. 인류 번영과 생산성의 토대가 되는 세 가지 기둥이 있다. 이 기둥들은 조직과 사회 발전의 원천이며, 개인의 생산적 활동을 가능케 한다. 조직과 사회는 개인의 집합체이므로 이 기둥들은 조직과 사회 발전의 원천이 된다. 이 기둥의 사회적 측면을 논의하면서, 경제 성장의 요소에 대해 생각해보는 것은 흥미로울 것이다.

### 지식Knowledge

첫 번째 기둥은 지식이다. 생산적이기 위해서는 무언가 하는 방법을 알아야 한다. 지식은 인간이 살아남는 데 항상 필요했다. 원시인이 과일을 찾고 사냥하는 법을 배워야 했던 것처럼 말이다.

오늘날 지식은 기하급수적으로 증가하고 있다. 생활 수준을 유지하기 위해 필요한 지식의 양만 따져도 어마어마하다. 특히 지식의 형태 또한 크게 변했다. 그리고 지식은 끊임없이 변하고 있다. 지금 배우고 있는 기술을 완전히 익힐 때 즈음이면 그 기술은 이미 변해 있기 쉽다.

21세기에 확보해야만 하는 가장 중요한 기술은 비판적 사고와 추론, 그리고 객관적 의사결정을 내리는 능력이다. 사실에 근거한 비판적 사고 능력이야말로 현 세계의 가장 결정적인 지식이다.

개인 차원에서 과업을 수행하는 데 필요한 기술을 익히는 것보다 중요한 것은 복잡한 과업의 특징을 비판적으로 생각하는 능력이다. 이런 능력은 적극적인 마음가짐으로 평생 학습자가 되겠다고 작정해야만 길러질 수 있다.

조직의 성공 여부는 구성원 개인의 능력과 전문 지식을 통합할 수 있는 리더의 역량에 의해 결정된다. 성공적인 조직은 평생 학습을 지원하는 문화를 조성하기 위해 노력한다. 이 부분에 관해서는 17장, 18장, 20장, 21장에서 더 구체적으로 밝힐 것이다.

비판적 사고라는 평가 기준으로 볼 때, 미국의 교육 시스템은 실패했다. 중산층의 감소가 이를 증명한다. 일반적으로 정부가 운영하는 학교를 다닌 중산층 가정의 어린이들은 새로운 경쟁 세계에서 꼭 필요한 비판적 사고 능력을 배우지 못했다. 단순한 사고 능력만을 학습해온 이 학생들은 결국 컴퓨터와 경쟁하는 상황에 놓였다. 정부가 운영하는 학교의 교육 시스템은 결국 기술의 근본적인 변화에 아무런 대응 없이 손 놓고 있었던 것이다.

공립학교의 실패는 사실 그리 놀랄 일이 아니다. 독점 체제가 성공한 사례는 없다. 그들은 자유시장 경쟁에서 제외되어 있었기에 혁신할 필요가 없었다. 대부분의 기업은 혁신을 즐겨 말하지만 정작 실천하려 하지 않는다. 그러나 혁신하지 않으면 경쟁에서 뒤처지고 결국 망하게 될 것이다.

공립학교의 사례는 어떤가? 학교 운영이 어려워지면 더 많은 예산을 배정받는다. 그래서 학생 1인당 비용이 가장 높은 학교가 가장 낮은 학습 성과를 보이는 경우가 많다. 공립학교의 문제를 해결할 수 있는 유일한 방법은 규제받지 않는 사립 영리 학교의 활성화뿐이다. 가난한 어린이가 걱정이라면 바우처나 세금 혜택을 통해 지원하면 된다. 실패하고 있는 공립학교에 더 이상 예산을 쏟아부어서는 안 된다.

시장은 실험을 통해 문제를 해결해나간다. 구글의 성공에는 1000개에 이르는 구글과 유사한 기업의 실패가 있었고, 월마트의 성공에는 1000개에 이르는 월마트와 유사한 기업의 실패가 있었다. 교육 문제에 대한 유일한 해답은 수천 가지의 교육 실험이다. 어떤 실험은 다른 것보다 훨씬 더 성공적일 수 있다. 거의 모든 실험이 현재 정부의 학교 운영 시스템보다 나을 것이다. 세상에는 빌 게이츠, 샘 월튼, 스티브 잡스와 같은 다양한 능력자들이 있으며, 그들은 정부 독점하의 교육 제도보다 훨씬 뛰어난 교육 프로그램을 만들어낼 것이다. 모든 학생을 대상으로 하지만 실제로 아무에게도 도움이 안 되는 획일적인 시스템에서 벗어나 다양한 교육 프로그램이 도입될 수 있다.

그나마 반가운 소식은 사립 영리 학교가 꾸준히 생기고 있다는 사실이다. 우체국과 비교하면, 공립학교와 경쟁하기 위해 UPS나 페덱스FedEx 같은 사립학교를 세우고자 하는 기업가들이 많아진 것이다. 향후 10년 혹은 15년 이내에, 발전하는 기술을 적극적으로 수용하며 교과 과목을 만들어가는 사립학교가 현실적인 대안을 제시할 것이다.

## 자본Capital

인간의 생산성을 받쳐주는 두 번째 기둥은 연장, 기계, 장치, 그리고 컴퓨터 프로그램 등을 통칭하는 "자본"이며, 이것은 생산을 확장하는 도구다.

흙 100톤을 500미터 옆으로 옮겨야 할 경우, 불도저를 갖고 있는 사람이 삽을 갖고 있는 사람보다 유리함은 두말할 나위도 없다. 불도저를 갖고 있는 사람은 훨씬 더 적은 시간에 많은 양의 일을 처리할 것이다. 도구(자본)는 인간의 생산성을 급격하게 향상시킨다.

자본이라는 도구는 또한 인간이 가진 지적 능력의 산물이다. 그 도구는 혁신적이고 집중적이며 헌신적인 사람들에 의해 만들어진다. 이런 의미에서 정부 규제는 이러한 창의적 활동을 가로막는 적이다. 정부 규제가 줄고 시장이 더 자유로워질 때 인간 번영을 앞당기는 도구(자본)와 기술 발전이 촉진된다.

인간의 사고는 도구(자본)를 만드는 데 또 하나의 중요한 역할을 한다. 어떤 사람은 도구 생산에 필요한 자본을 모으기 위해 저축을 선택한다. 생산 활동을 통해 이룬 것의 일부를 소비하고 다른 일부를 지키는 셈이다. 수확한 옥수수를 모두 먹어버린다면 내년 농사에 쓸 씨앗이 없는 것 아닌가.

지금의 소비를 포기하고 수년간 모아야만 구매할 수 있는 불도저에 기꺼이 투자하는 사람이 있을 수 있다. 그렇다면 저축(배당과 자본이득 포함)에 높은 세금을 매기는 것은 자본 생성을 억제하는 것이다. 이것은 결국 새로운 도구(자본)에 대한 투자가 감소하고, 이로 인해 발전이 늦어지고 인간의 번영이 쇠퇴하는 결과를 가져온다. 일반적으로 선진국의 경제 발전이 늦어지면 후진국 경제가 큰 영향을 받는다. 후진국 경제는 대부분 선진국의 자본 창출에 의존하기 때문이다. 미국이 자본이득에 대한 세금을 올리면 방글라데시의 경제 성장이 둔화될 것이다.

자본과 노동을 분리하는 진보주의 경제학자들은 모든 자본이 지적 노동, 즉 인간의 사고에 의해 만들어진다는 사실을 부정한다. 그들은 모든 자본이 정신노동을 통해 만들어진다는 사실을 깨닫지 못하면서 자본이득과 노동이익을 분리하려고 하며, 정신노동을 훼손하면서 육체노동을 효과적으로 미화하곤 한다. 인간의 사고는 생존과 성공, 그리고 행복을 위한 도구다. 그럼에도 앞서 얘기했던 100톤의 흙을 맨손으로 옮기는 데 흥미를 느끼는 사람이 어디 있겠는가? 어찌 됐건 삽 한 자루도 인간의 지적 노동에 의해 발명된 도구다.

마이크로소프트, 월마트, 애플, 구글, 그리고 아마존닷컴 등은 모두 적은 자본으로 시작했다. 이들 기업은 이익을 유보함으로써, 즉 이익을 재투자하면서 성장했다. 이들 기업이 성장할 수 있었던 것은 기업의 주인이 저축(이익의 재투자)을 선택했기 때문이다.

진보주의 경제학자들은 자본과 노동을 대립적 개념으로 주장하고 있으나 이는 파괴적이고 혼란을 야기한다. 자본은 인간의 정신노동에 의해 만들어졌고, 육체노동을 포함한 모든 노동생산성을 향상시킴으로써 결국 인간의 복리를 증진했다는 사실을 간과해서는 안 된다. 일부 진보 지성인과 정치인이 주도하는 자본에 대한 공격은 곧 인간 번영에 대한 공격과 같다. 이들 공격의 피해는 곧 가난한 사람들에게 돌아간다.

우리가 기업이라는 조직에서 일을 할 때면, 모든 도구(자본)는 기업의 소유자(주주)가 제공한다. 좋은 도구를 갖고 일해야 더 생산적인 사람이 될 수 있다. 오늘날 세계에서 가장 파급력이 큰 도구는 정보기술이며, 이것은 자본 투자가 있어야만 획득 가능하다. 자본은 유보이익에서 나온다. 통상적으로 이익의 상당 부분은 기업 내에서 재투자(유보)된다. 이익은 인간의 생산력을 증대하는 도구를 만들 수 있게 한다. 이익은 인류 복리에 필수적이다. 이익을 내지 못하는 회사는 생산적 도구에 투자할 수 없다.

사회적 차원에서 볼 때 기업의 유보이익과 비슷한 대상이 있다. 국민의 순저축이다. 개인은 벌어들인 것을 저축(투자) 또는 소비한다. 이는 기업과 정부도 마찬가지다. 또한 현재 벌어놓은 것이 없어도 소비할 수 있다. 즉 돈을 빌리는 것이다. 빌린 돈은 미래의 소득으로 갚아야 한다. 교육을 더 받기 위해 학자금을 빌리는 경우도 마찬가지다. 문제는 이런 추가 교육을 위한 비용이 미래의 생산성(소득)을 향상시킬 수 있느냐다. 즐거움을 위해 미술 수업을 듣는 경우는 생산성과 무관하지만, 지불 능력이 있다면 이해할 만한 소비 형태다.

기업이 차입금을 조달할 때의 문제는 차입 비용을 지불하고도 남을 만큼 자원이나 도구가 생산이나 소득을 증대시킬 수 있는가 하는 것이다.

## 인센티브Incentive

인간 생산성을 받쳐주는 세 번째 기둥은 인센티브다. 인센티브는 경제적인 것과 심리적 혹은 정신적인 것으로 구분된다. 인센티브는 매우 중요하다. 경제학에서 해결한 몇 가지 이슈 중 하나가 바로 인센티브의 유용성이다. 인센티브는 구성원의 행동에 큰 영향을 준다. 사업을 하는 사람이면 누구나 인센티브가 개인과 조직의 성과에 큰 영향을 끼친다는 사실을 잘 알고 있다. 그러나 나쁜 인센티브는 파괴적 결과를 가져오기에, 인센티브를 효과적으로 설계하는 것이 중요하다.

리더십의 핵심은 인센티브다. 비전, 목적, 전략, 그리고 가치 등은 광범위한 의미에서 볼 때 모두 인센티브의 종류다. 이 책의 전체적 맥락은 개인과 조직의 인센티브에 관한 것이라 해도 과언이 아니다.

인센티브는 심리적 혹은 물질적(보통 금전) 보상으로 나뉘며, 많은 사람은 물질적 보상보다는 심리적 보상이 큰 프로젝트에 많은 시간과 에너지를 사용한다. 기업에서도 심리적 보상 또는 인정은 매우 강력한 인센티브다.

금전적 보상의 중요성을 간과하는 것은 아니지만, 기업의 입장에서는 심리적 보상과 금전적 보상을 모두 조직의 사명과 비전에 맞추는 것이 중요하다. 사명에 어긋나는 인센티브는 조직을 파괴한다.

이제 미국 경제 회복이 더딘 이유와 관련하여 사회적 인센티브와 역인센티브에 관해 살펴보자. 고소득자에 대한 소득세율을 인상하면 생산에 대한 인센티브는 증가할까, 아니면 감소할까? 반대로 소득세율 인상을 막으면 생산을 위한 인센티브에 어떤 영향을 줄까? 배당과 자본 이득에 대한 세율을 올리면 투자 의욕에 어떤 영향을 끼칠까? 정부 규제를 풀고 규제로 인한 위험을 줄이면 혁신하려는 기업에 인센티브로 작용할까? 새로운 법과 규제는 과연 사업을 확장하고 일자리를 창출하려는 기업의 의욕을 북돋을까? 또한 마음대로 법규를 바꾸어 불확실성을 키우면 소상공인들이 의욕적으로 사업에 뛰어들 수 있을까? 기업 경영자를 "악당" 또는 "탐욕적인 자본주의자"라고 부르면 사업 의욕이 증대될까? 새로운 창업가에게 "그 일은 이미 우리가 했던 거야"라고 이야기하면 벤처 창업이 늘어날까?

물론 모든 경우에 역인센티브는 기업 경영자들의 혁신, 투자, 일자리 창출에 대한 의욕과 능력을 감퇴시킨다. 미국은 이런 종류의 역인센티브에도 불구하고 조금씩 성장하고 있다는 사실이 놀랍다. 역인센티브를 없애고 기술 진보와 자유로운 무역 혜택, 그리고 에너지 혁명 등을 결합했다면 미국의 경기는 훨씬 높은 성장을 기록할 수 있었다. 역인센티브로 인한 사회적 비용으로 좋은 기회를 놓친 것이 안타까울 뿐이다.

사회적 차원에서 최고의 인센티브는 자유다. 일단 기본적이고 제한적인 법규가 확립되면 자유는 개인의 동기를 가장 크게 자극하는 인센티브다. 뒤에서 인간 번영에 필요한 자유의 역할에 관해 논의할 것이다.

장기적으로 보면 인간은 생산한 것 이상으로 소비를 할 수 없다. 그래서 진정한 경제 문제는 생산성에 있는 것이다. 지식과 도구(자본), 그리고 인센티브는 개인과 기업, 그리고 사회 차원에서 생산성을 만들어내는 기본 요소다.

개인이 특정한 목적을 달성하고자 한다면 필요한 지식을 갖추고 있는지 확인해야 한다. 그렇지 못하다면 필요한 지식을 체계적으로 습득하기 위해 해야 할 일을 찾아야 한다. 목적 달성을 위한 도구(자본)를 구하고, 도구를 확보하기 위해 차입을 할 수도 있다. 그리고 개인적 야망을 달성하기 위해 심리적·금전적 인센티브도 모두 갖고 있어야 한다.

기업도 비슷하다. 모든 구성원(특히 경영자)이 좋은 제품과 서비스를 제공하는 데 필요한 지식과 올바르게 연결된 시스템을 갖고 있는가? 경쟁우위 확보를 위해 어떤 지식 활동을 벌이고 있는가? 경영진은 직원 각자에게 축적되어 있는 지식을 효과적으로 통합하여 활용하고 있는가? 직원의 생산성 극대화에 필요한 도구(자본)를 충분히 제공하고 있는가? 개인의 행동을 통합할 수 있는 최적의 환경을 만들었는가? 심리적 인센티브와 금전적 인센티브가 회사의 사명을 완수하고 장려하도록 설계되어 있는가? 구성원 모두는 생산적 활동을 위해 자유를 갖고 있는가?

대개 심리적 인센티브는 과소평가되곤 한다. 생산성이 결국 경제적 번영을 이끌고, 생산적 활동이 행복 추구에 반드시 필요하다는 증거는 많다. 따라서 공공 정책을 평가할 때 필요한 질문은 다음과 같다. 해당 정책은 사회에 속한 개인의 생산성을 최대한 활용하고 있는가? 정당 후보자는 생산성 향상을 위한 정책을 말하고 있는가, 아니면 재분배를 말하고 있는가? 이젠 우리가 결정할 때다.

# CHAPTER 7

## 정직

정직은 기본 덕목이다. 정직 없이 성공적인 인간관계를 구축하기는 불가능하다. 정직해야만 신뢰할 수 있으며, 대부분의 윤리 문제는 부정직에서 생긴다. 정직하지 않은 것은 현실을 외면하는 것이며 이는 결코 바람직하지 않다.

정직의 기준을 되새겨볼 필요가 있다. 많은 사람은 정직한 것이 옳은 것과 같다고 생각한다. 인간은 전지적이지 않다. 인간은 모든 것을 알 수 없기에, 정직할 수는 있지만 틀릴 수도 있다.

정직에 관한 첫 번째 엄격한 조건은 '신정으로 의도한 것을 정확하게 말하는 것'이다. 고의로 사람을 오도하기 위해 말해서는 안 된다. 이 책의 독자라면 누구도 사람들을 오도하려는 의도를 갖고 있지 않을 것이다. 만약 그런 사람이 있다면 심각한 문제가 생기게 될 것이다.

그럼에도 사람들은 미시적 상황에서 완전히 정직하지 못하다. '하얀' 거짓말도 누적되면 '의도된' 거짓말과 같은 효과를 낸다. 조직 내 관리자들 가운데 이런 행동을 하는 사람이 종종 있다. 김과장이 장대리의 업무 실적을 평가한다고 가정해보자. A라는 매니지가 B사원에 대한 업무 평가를 부정적으로 말하는 것이 불편해서 듣기 좋은 말로 그를 평가하는 경우가 있다. B가 A의 의도를 제대로 알아들었다면 별문제가 없지만, 그렇지 못한 경우 B는 A에게 큰 불만을 갖게 된다.

친구에게 간접적으로 불만을 말하고는 후회하거나 더 불편했던 경험이 있는가? 배우자에게 완곡한 화법으로 불평하고는 제대로 알아채지 못한다고 화난 적이 있는가? 제대로 된 의견을 제시하지 않으면서 상대의 행동이 변하기를 기대하는 것은 합리적이지 않다. 우리는 왜 이처럼 부정적인 생각을 밝히기 어려워하는가? 부정적인 판단에 대해 확신이 없어서일 수도 있고, 좀 더 지켜보기 위해서일 수도 있다. 그러나 누군가에게 부정적인 의견을 전해야겠다는 판단이 서면 분명하고 정확하게 의사를 전달할 수 있어야 한다. 이렇게 해야 의견에 대한 반론을 제기할 수 있고, 행동의 변화를 이끌어낼 수도 있으며, 해명의 기회를 가질 수도 있다.

정직에 관해 중요한 두 번째 조건은 '말하는 내용에 대해 제대로 알고 얘기해야 한다는 것'이다. 인간은 전지전능하지 않기에 모든 것을 정확하게 알 수는 없다. 그렇다고 모르는 것을 안다고 말해서는 안 된다. 중요한 투자 의사결정을 하는 회의에서 누군가 확실히 알고 있는 사실에 근거하여 결정을 했지만, 결국 그 사실이 잘못되어 결과가 나빠진 경우를 본 적이 있는가?

일단 안다고 주장하고 나면 그 주장을 철회하기는 어렵다. 자신의 잘못된 입장을 합리화하기 시작할 수도 있다. "나는 모른다"라는 대답이 최상일 경우가 종종 있다. 이런 대답은 다른 사람을 오도하지 않으며, 답을 찾기 위해 노력하게 만든다. 모르는 것을 일단 안다고 말하면, 타당한 반박 증거가 나오는 경우에도 그동안 취해온 입장을 변호하려는 경향이 생긴다.

물론 "내 생각에는", "아마도", "혹시", 또는 "가장 가능성 있는 결론은 무엇무엇이다"라는 표현을 사용하는 경우가 많다. 그럴 수밖에 없는 상황이라면 무리 없는 표현이지만, 확실성의 정도는 명확해야 한다.

알지 못하면서 안다고 주장하는 것은 속이는 것보다 더 나쁠 수 있다. 늘 그런 것은 아니지만 속임수(부정직)는 일반적으로 금방 들통 나며, 단기적으로 파괴적인 결과를 가져온다. 그러나 허위 주장은 곧바로 쉽게 위장되어 사람들이 빠르게 알아차리기 힘들며, 반복적으로 비슷한 주장을 하게 만든다. 그리고 주위 사람들이 그 같이 정확하지 않은 주장에 근거하여 나쁜 결정을 내린다는 점에서 더 파괴적이다.

과학계의 경우 지식을 과장해서 주장한다는 증거가 급속히 늘고 있다. 잘못된 건강 정보가 그렇다. 수십 년 전에 달걀이 몸에 나쁘다는 주장 때문에 소규모 양계장이 큰 어려움을 겪었다. 사과 주스에 담긴 성분 하나가 어린이 건강에 나쁘다는 말도 있었고, 커피가 건강을 해친다는 말도 있었다. 지금은 모두가 한 목소리로 사과 주스와 커피가 건강에 도움이 된다고 한다. 〈네이처〉지는 2014년 1월호에서 제프 톨레프슨Jeff Tolefson의 주장을 실었다. 제프는 지구의 온도가 지난 17년간 오르지 않았다고 주장하면서, 기후변화 운동을 추진하는 단체의 주장에 문제를 제기했다. 많은 과학적 주장이 인과관계가 아니라 통계적 상관관계에 기초하여 이뤄지고 있다. 통계적 상관관계는 유효할 수 있지만 인과관계를 입증하지는 못한다. 표본의 크기가 작고 실험 기간이 상대적으로 짧을 때 더욱 그렇다. 이렇듯 과학계가 성급하면서도 잘못된 주장을 끊임없이 내놓는 것 또한 정부의 책임이 크다. 선입견을 가진 정부 관리가 특정한 결과를 기대하고 연구비를 지원하는 경우가 많기 때문이다. 이런 연구 결과는 결코 객관적 사실을 밝혀낼 수 없다.

조직은 부정직을 용납해서는 안 된다. 부정직은 신뢰와 인간관계 모두를 무너뜨린다. 최근 사회생활을 시작한 대학 졸업생에게 가장 중요한 개인적 자질은 바로 신뢰받을 자격이라고 말했다. 누구나 실수를 할 수 있다. 만약 실수를 했다면, 바로 인정하고 그 사실을 동료와 상사에게 알려야 한다. 실수는 결국 드러난다. 실수를 숨겼다는 사실이 밝혀지면 이미 늦다. 이제 누구도 그 사람을 신뢰하지 않게 된다. 배우는 단계에서는 실수할 수 있음을 감안한다. 그저 실수를 인정할 만한 솔직함과 배짱을 기대하는 것이다. 자신의 성과를 (부풀리지 않고) 알리는 것도 중요하지만, 실수와 실패를 알리는 것은 더 중요하다. 실수나 실패를 말하는 것은 긍정적인 경험이다. 시도할 만한 가치가 있는 일이라면 누구나 실수할 수 있음을 잊지 말라.

신뢰할 수 없는 사람과는 의미 있는 목표를 공유하며 효과적으로 일할 수 없다. 정직은 신뢰를 낳는다. 정직성의 결여는 신뢰를 무너뜨린다. 대부분의 일이 그렇듯이, 정직성을 평가하는 데 약간의 오류가 있을 수 있다. 의사소통이 잘못되거나 상황이 적절하지 못해서 오해나 혼동이 생길 수 있는 것이다. 그러나 공공연하거나 습관적인 부정직 행위는 결코 용인되지 않는다. 특히 자신의 이익을 위한 의도적인 반쪽 진실은 조직을 파괴한다. 아무리 높은 실적을 낸다 하더라도 정직하지 못한 직원을 조직에 남겨둬서는 안 된다. 그들의 부정직이 결국 조직을 파괴하기 때문이다.

재미있는 사실은, 부정직한 직장 동료나 친구는 용서하지 않으면서 부정직한 정치인에게는 너그럽다는 것이다. 왜 이럴까? 선거 후보자의 공약이 사실이 아님을 알고 있으면서도 사실이기를 바라는 마음 때문은 아닐까? 기업 CEO가 정치인 공약과 비슷한 수준의 허위 주장을 그렇게 자주 한다면 100퍼센트 해고되고 법정에 서게 될 것이다.

배우자와의 관계도 마찬가지다. 정직하지 않으면 신뢰할 수 없고, 신뢰하지 않으면 그 관계는 지속될 수 없다. 기업은 신뢰하기 어려운 구성원을 내보내야 한다. 간혹 상사를 못 믿는 경우가 있다. 이럴 때는 새로운 상사를 맞이할 수 있는 방법을 찾거나 회사를 떠나야 한다.

개인의 행복에 적용할 수 있는 모든 원칙은 조직의 성공과 사회의 번영에도 필수적이다. 따라서 부정직한 정치 지도자를 너그럽게 봐준다면 우리 사회는 불행의 길로 접어들게 된다. 정당 지도자가 사교적이고 멋지며 배려심 있는 것보다는 근본적으로 정직한지 아닌지를 판단하는 것이 더 중요하다. 자상하고 배려심이 있다 해도 부정직하고 신뢰받을 자격이 없는 사람과 사귀어서는 안 되는 것과 마찬가지다. 현대 사회에서 정치인은 수많은 사람의 삶에 큰 영향을 미치기에, 일반 개인이나 기업 경영자들에게 적용하는 정직의 기준보다 훨씬 높은 잣대를 적용해야 한다.

나 역시 은행원으로 일하면서 정직에 관한 큰 교훈을 얻었다. 나는 당시 연체대출금 보고서를 작성했고, 나의 상사가 경영자와 이사회에 그 보고서를 제출하기로 되어 있었다. 상사는 보고서를 보고는 나를 부르더니, 연체된 대출금이 급격하게 늘었다는 사실을 이사회가 싫어할 것이라며 보고서를 수정하라고 요구했다. 보고서 작성일 이후에 대출금 연체가 일부 해소되었기 때문이라는 것이었다. 나는 보고서에 기준 날짜가 명기되어 있으므로 수정할 수 없다고 말했다.

그는 불같이 화를 냈고, 나는 이제 직장 생활이 끝났다고 생각했다. 나중에 밝혀진 사실이지만, 결국 연체 차입자가 부도를 냈고 은행은 담보권을 행사하기에 이르렀다. 만약 보고서를 수정했다 하더라도 보고서의 허위 작성 여부를 아무도 몰랐을 수도 있었겠지만, 나는 분명히 계속 후회하면서 결국 죄책감으로 경력과 삶 전체에 큰 영향을 받았을 것이다. 인과관계를 정확히 따지기는 어렵겠지만 나의 상사는 나중에 회사를 떠났고, 이후의 직장 생활에서도 크고 작은 문제를 일으킨 것으로 알려졌다.

당시 나는 동부 지역의 조그만 도시에서 혼자 살았기 때문에 상사가 나를 해고했어도 잃을 것이 그리 많지 않았다. 잃을 것이 많을수록 이런 종류의 결정을 내리기가 더 힘들 수 있다. 그러나 타협하지 않고 정직하기로 마음먹었다면 다른 대가를 생각해서는 안 된다. 정직한 행동이 올바른 결정이고 스스로 만족스럽다면 어떤 위험이 따른다 하더라도 그렇게 해야 한다.

정직에 관해 또 다른 중요한 관점이 있다면, 합의를 지키는 것이다. 합의를 깨는 것은 곧 부정직과 같다. 지킬 수 없는 합의를 하지 않는 것도 중요하며, 합의 조건을 명확히 하고 상대도 그 조건을 충분히 이해하고 있는지 확인해야 한다.

법적 구속력을 갖는 계약의 형태로 합의의 의미를 강화하는 것도 중요할 수 있지만, 구두로 명확하게 합의하고 그 내용을 비교적 짧은 서면으로 보완하는 것이 더 효과적이다. 합의의 정신은 서면 계약에 대한 결정적 기초로 작용한다.

내가 BB&T의 CEO로 근무하는 동안, 수많은 지방 은행이 BB&T에 인수되기를 원했다. 가장 큰 이유는 BB&T가 항상 약속을 지켰다는 데 있었다. BB&T는 인수 대상 은행의 CEO를 이미 인수한 은행의 경영자들에게 소개하면서 과거 인수 과정에 있었던 일을 투명하게 밝혔다. 그래서 피인수 은행은 BB&T를 신뢰했던 것이다.

인수 후에는 서로 예측하기 어려웠던 법적 이슈가 불거져도 모든 책임과 비용을 BB&T가 부담했다. 이런 세부적인 내용이 인수계약서에 명기되어 있지 않았다 하더라도, BB&T는 합의 정신을 존중했던 것이다. 그 정신이 진정한 계약이다. 법적 책임을 지지 않아도 되는 상황에서 BB&T가 취한 공정한 태도는 결국 회사 평판에 큰 영향을 주었다. 물론 당초 계약과 무관한 부당한 요구를 하는 경우도 드물게 있었지만, BB&T는 이런 요구에 응하지 않았다. 약속을 지키지 않는 것은 일종의 부정직이며, 그에 맞게 대처해야 한다.

# CHAPTER 8

## 도덕성

인생에는 당연히 많은 유혹이 있다. 하지만 논리적이고 일관된 삶의 원칙을 갖고 있다면 뻔한 유혹에 빠지지 않는다. 도덕성이란 정신과 육체의 조화다. 도덕성은 우리가 삶의 원칙으로 믿고 있는 것을 일관되게 수행할 수 있도록 이끌어준다.

안타깝게도 많은 사람이 도덕적으로 행동하지 않는다. 자신의 믿음이 현실에 부합하지 않거나 믿음 간에 모순이 존재하기 때문이다. 현실에 부합하지 않는 믿음을 갖고는 일관되게 행동할 수 없다. 사람이 장기간에 걸쳐 현실에 어긋나는 행동을 지속적으로 한다면, 생명을 잃은 것과 같다. 삶은 죄책감으로 뒤덮일 것이다. 믿음 간에 모순이 있어도 일관되게 행동할 수 없다. 모순된 믿음으로 계속 행동한다면 무엇이든 결과가 좋을 수 없기 때문에 결국 슬픔과 죄책감만 남는다.

도덕적으로 행동하고자 한다면 현실에 부합하고 모순되지 않는 일련의 가치관을 갖고 있어야 하며, 자신의 가치 체계를 이런 관점에서 살펴봐야 한다. 많은 사람이 도덕성을 일종의 의무로 생각한다. 그러나 도덕성은 의무가 아니며, 오히려 성공과 행복의 확률을 높여주는 수단에 가깝다. 이 개념의 핵심은 삶의 원칙을 세우고 이를 믿고 따르면 성공과 행복의 확률이 높아진다는 것이다. 이런 원칙을 정립한 다음, 삶이라는 치열한 전쟁터에서 일관되게 적용해야 한다. 도덕성을 의무나 잘못 정의된 책무로 생각한다면 성공과 행복의 토대가 되는 원칙 자체를 어기도록 부추기게 된다.

도덕성은 장기적 개념이다. 요즘처럼 단기적이고 즉각적인 만족을 추구하는 상황에서 이 개념을 이해하는 것이 특히 중요하다. 단기적으로는 이득이 되지만 장기적으로 나쁜 결과를 초래할 수도 있는 결정들은 많이 있다. 나는 학생들에게 100세 시대에서는 장기적인 관점으로 의사결정을 해야 한다고 말한다. 장기라는 시점은 우리가 생각하는 것보다 훨씬 빠르게 도래한다는 사실을 금방 깨닫게 된다.

모든 가치가 그렇듯이 도덕성 또한 상황에 맞아야 한다. 자신의 원칙을 절대 굽혀서는 안 될 상황이 있다. 왜냐하면 이 원칙들은 성공과 행복의 근간을 이루기 때문이다. 타협이 필요한 상황도 있다. 가족이나 친구들과 외식 장소를 고르거나 회사 간의 거래에서 가격을 정할 때 흔히 타협이 필요하다. 일반적인 상황에서는 가치가 협상의 대상이 될 수 없지만, 극단적인 상황에서는 유연해질 수 있다. 가치와 목적이 삶의 질을 증진시킨다는 사실을 기억하라. 그 가치들은 의무적인 것이 아니다. 만약 어떤 사람이 당신에게 총을 들이대면서 "내가 예쁘다고 말하지 않으면 쏜다"라고 협박한다면 당신은 "맞아, 당신은 예뻐"라고 말할 수 밖에 없다. 정상적인 상황에서는 핵심 가치들이 절대적이지만, 어떤 압력이 작용하는 상황이라면 반드시 지킬 필요가 없다는 것이다.

모든 가치와 마찬가지로 도덕성도 개인의 속성이지만, 조직과 사회가 개인의 도덕적 행동을 장려하기도 하고 가로막기도 한다. 불행하게도 기업이 추구하는 가치가 현실에 맞지 않고 가치 간에 상충하는 경우가 종종 있다. 기업은 글로벌 경쟁 상황에서 실현 가능성이 없는데도 사회적으로 이상적인 약속을 하기도 한다. 그러나 이런 행동은 가치와 현실을 어긋나게 만든다. 종종 기업은 사명선언서에 현실과 상충되는 약속을 포함하기도 한다. 예를 들어 어느 기업 CEO가 재생종이 사용을 포함한 환경 보호를 약속하고, 한편으로는 전용기를 타고 세계를 돌아다닌다 치자. 그 약속이 해당 회사가 홍보하는 가치와 어긋나지 않는다면 CEO에게 문제 될 것은 없다.

신언문에 표현된 기업의 사명과 가치가 합리적인지를 알 수 있는 잣대는 그것들이 현실 세계에서 실현 가능한지, 가치들이 서로 충돌하는지 여부를 확인하는 것이다. 진정성이 있으며 효과적인 사명선언서라면, 회사의 주요 이해관계자들을 고려한다 하더라도 치열한 글로벌 경제 여건에서 반드시 충분한 이익을 창출한다는 내용을 반영할 것이다.

현실과 동떨어진 이타주의적 주장은 특히 파괴적이다. 왜냐하면 직원들은 실제로 경험하는 것을 통해 회사의 진정한 사명과 가치가 무엇인지를 판단하기 때문이다. 진정한 사명과 가치가 주어진 것과 다를 경우 직원들은 생산적이고자 하는 동기를 가질 수 없다.

같은 맥락에서 사회는 다르게 해석될 수 있는 암묵적 사명과 가치를 갖고 있다. 미국은 독립선언서와 헌법에 명문화된 철학을 바탕으로 설립된 첫 번째 국가다. 미국의 건국 이념에 따르면, 모든 권리는 정부가 아닌 개인의 것이다. 정부는 "삶, 자유, 그리고 행복 추구"라는 개인의 권리 보호를 위해 존재할 뿐이었다. 미국 건국자들이 모든 사람은 "평등하게 태어났다"라고 말했을 때 그 의미는 모든 사람은 법 앞에 평등하다는 것이었다. 그들이 주장한 것은 균등한 기회 또는 균등한 결과가 아니었다. 누구나 자신이 생산한 것을 소유할 권리가 있지만, 다른 사람이 생산한 것을 가질 권리는 누구에게도 없었다. 정부는 군사, 외교와 같은 몇 개 영역에서 주도적인 역할을 하지만, 제1의 역할은 개인의 권리를 보호하는 것이었다. 따라서 정부는 제한적인 몇 개의 권한만을 가졌다. 정부가 사회의 모든 문제를 해결할 책임은 없었다. 이런 사회문제를 해결할 의무는 각 개인과 자원봉사 또는 자선단체의 몫이었다. 미국의 독립선언서와 헌법 자체가 미국이 가진 비전과 사명, 그리고 가치에 대한 선언문이었다.

1800년대 말 미국 정부의 사명과 가치에 대해 새로운 시각이 생기기 시작했다. 그것은 진보주의 운동으로서 독일의 사회복지협약의 한 갈래였다. 그런데 결국 국가사회주의(나치즘)로 변질되었다. 진보주의적 비전과 사명에 따르면 정부의 역할은 대폭 확대된다. 기본적으로 정부는 사회문제를 모두 해결할 책임을 진다. 성과에 대한 평가 기준은 더 이상 개인의 권리를 실현하는 것이 아니고 사회의 복지다. (여기서 말하는 사회는 진보주의자들이 정의하는 사회다.) 그들이 주장하는 사회의 목표는 더 이상 법 앞의 평등이 아니고 균등한 결과를 향한 평등주의였다. 각자가 능력에 따라 기여하고, 그와 별개로 필요에 따라 가져간다는 사고는 마르크스Karl Marx의 원칙이다. 그러나 진보주의자들은 이러한 정의를 은근슬쩍 피해 갔다.

미국 건국자들은 정부 역할이 매우 제한적이어야 하고 위험할 수 있다고 생각한 반면, 진보주의자들은 사회 복지의 최종 원천이 정부라고 생각한다. 현재 미국에서의 정치적 마찰은 이렇게 다른 시각과 관련된 가치들 간의 갈등에서 기인한다.

우리는 갈등하는 시각들을 비교한 사례를 여럿 갖고 있다. 예를 들면 과거 동유럽과 서유럽, 구소련과 미국, 북한과 남한이다. 수많은 연구에 따르면 개인의 권리, 특히 사유재산권을 존중하는 사회와 경제적 번영은 매우 높은 상관관계가 있다. 따라서 분명한 것은 경제적 그리고 정치적 차원의 자유는 모두에게 더 나은 결과를 만들어주지만 그 결과가 균등하지는 않다는 것이다.

도덕성을 갖기 위해서는 개인, 조직, 사회가 현실에 부합할 뿐 아니라 서로 모순되지 않는 일련의 원칙을 가져야 한다. 사회 차원에서 이런 일관성을 유지하는 것은 매우 어려운 과제이며, 영원히 실현되지 않을 수도 있다. 하지만 사회 지도자들과 정치 집단들이 삶에 대해 논리적으로 일치하지 않는 시각을 갖는다면 성과를 내기가 훨씬 어려울 것이며 복리도 그만큼 후퇴할 것이다. 경제적 자유를 믿지만 인권적 자유를 믿지 않거나, 인권적 자유는 믿되 경제적 자유를 믿지 않는 리더들이 바로 사회 노릭싱의 픽이나. 신시하세 생각해볼 문제다.

# CHAPTER 9

## 정의 – 공정함

　인간관계에서 공정함은 무엇보다 중요한 가치다. 누구에게 부당한 비난을 받을 때의 느낌을 생각해보라. 공정성이란 사람의 됨됨이와 행동을 객관적으로 평가하고, 개인이 누릴 만한 적당한 자격을 부여하며, 이에 준하여 행동하는 덕목이다.

　조직 내에서 상사를 어떻게 생각하느냐고 질문하면 대부분의 사람은 그(혹은 그녀)가 공정한지 불공정한지, 아니면 공평한지 불공평한지를 말한다. 또한 직원은 자신의 성과에 비해 미흡한 보상을 받거나, 보잘것없는 성과에 큰 보상을 하는 상사 밑에서 일하고 싶어하지 않는다. 당연하지 않은가. 탁월한 성과를 냈음에도 적절한 보상을 하지 않으면·우수한 직원은 떠날 것이고, 보통 수준의 직원도 그 이상의 성과를 내고자 하는 동기를 갖기 힘들다. 결국 기업도 득 될 것이 전혀 없다. 리더의 중요한 역할은 바로 보통 수준의 구성원이 평균 이상의 실적을 내도록 유도하는 것이다.

조직은 사명 달성에 대한 기여도와 가치에 대한 충성도를 기초로 구성원을 객관적으로 평가하고 보상해야 한다. 성과 측정은 어떤 면에서 과학이자 예술이다. 하지만 "가장 크게 기여한 사람에게 가장 크게 보상한다"라는 목적 자체는 결코 흔들리면 안 된다.

이와 같은 공정함의 개념을 근거로 하면, 평등주의자들이 사용하는 기회의 균등이란 단어는 무슨뒤 말이다. 농구 선수 마이클 조던 Michael Jordan은 일반 사람보다 점프를 더 잘할 수 있는 신체를 타고 났다. 조던과 일반인은 균등한 기회를 갖고 있지 않음에도 같은 기회를 준다는 것은 모순될 수 있기 때문이다. 어쩌면 평등주의자들은 균등한 결과를 주장하는 것일 수도 있다.

법 앞에서 모든 사람이 평등해야 함은 당연하다. 인간은 존재 자체로 존중받을 자격이 있지만 모든 사람이 똑같을 수는 없다. 모든 개인은 유일하고 특별하며 서로 다른 능력과 안목, 장단점을 갖고 있다.

모든 개인이 다르기에 사람을 판단하고 평가할 필요가 생긴다. 가장 좋은 음식을 먹고 적절한 옷을 입으며 분수에 맞는 차를 타고 다니는가? 정의롭고 올바른 상사나 동료와 일하고 있는가? 결혼 상대는 어떤 사람인가? 자녀가 올바른 친구들과 사귀고 있는가? 이와 같은 질문을 통해 사람을 판단하고 평가하는 것은 우리 삶과 행복을 위해 반드시 해야만 하는 중요한 결정이다. 우리가 다른 사람을 어떻게 평가하느냐가 매우 중요하다.

사람을 적절히 평가하는 방법은 1) 각 개인을 한 인간으로 2) 그들이 갖고 있는 장점을 3) 주어진 상황과 환경에 맞게 평가하는 것이다. 훌륭한 친구를 많이 둔 사람이라 할지라도 회사에서 주어지는 특정한 일을 잘 처리한다는 보장은 없다.

개인에 대한 판단 기준과 평가받아야 하는 분명한 이유가 있기에 집단주의적인 생각은 위험하다. 집단주의자들은 개인을 소속된 집단의 성격에 따라 판단한다. 소속된 모든 개인은 각각 다르기 때문에 다르게 평가받아야 한다는 점에서 집단주의적 생각은 틀린 것이다. 집단주의는 인종차별, 성차별, 공산주의, 사회주의, 그리고 국가주의 등을 포함하여 사회적 또는 정치적 스펙트럼에 골고루 분포하고 있다. 예를 들어 우파 진영 중 많은 사람은 국가주의적인 반면, 좌파 진영 중 많은 사람은 사회주의적 성향을 갖고 있다. 이는 개인을 집단의 일부로 보는 집단주의자들과, 오로지 개인만이 존재한다고 보는 개인주의자들 간에 차이가 있음을 여실히 보여준다. 집단은 추상적 개념에 불과하므로 프롤레타리아와 같은 것은 존재하지 않는다. 현실에는 오로지 개인만이 존재한다는 사실을 인식하는 한, 개인이 집단의 일부라는 개념은 흥미로운 도구일 수 있다.

기업에서 유의해야 할 집단주의적 사고는 인종과 성에 따른 차별이다. 이 같은 차별의 바탕에는 개인의 낮은 자존감이 존재한다. "자신"은 개인적으로 많은 약점을 갖고 있지만, 자신이 속한 집단(인종, 성, 국적)만큼은 다른 집단보다 우월하다는 인식이다.

공정함을 잃고 인종이나 성에 따라 차별하는 사람들이 깨닫지 못하는 것은 이런 차별이 상대방에게 공정하지 않을 뿐 아니라 자신에게도 해롭다는 사실이다. 개인의 능력이나 성과가 아니라 인종과 성의 구분에 따라 사람을 채용하는 기업이 있다면, 어떻게 높은 실적을 내는 기업으로 성장할 수 있겠는가. 이런 차별을 하는 사람은 결국 조직의 실적에 부정적인 영향을 주고 결국 자신도 조직 내에서 버티지 못하고 쫓겨나고 만다. 이것이 바로 공정함의 힘이다.

그래서 비이성적인 집단주의적 차별은 위험하다. 이는 생존과 성공, 그리고 행복의 수단이 개인의 이성적 사고 능력에 달려 있다는 매우 중요한 원칙을 말해준다. 사람에 대한 평가와 판단은 반드시 이성적으로 이뤄져야 한다. 그렇지 않을 경우 개인과 조직 모두에게 피해가 돌아간다.

만약 판단과 평가의 기준이 어떤 사람의 머리 길이와 채식주의자 여부, 옷 입는 스타일에 있다고 한다면 이것 역시 인종차별 혹은 성차별적인 집단주의적 사고의 일부와 같다. 또한 특정 집단의 복지를 강조하는 것 역시 같은 맥락에 있다. 집단의 성격과 이익에 따라 판단하는 것은 인종과 성에 따라 평가하고 판단하는 것만큼이나 비이성적이다.

공정함은 양날의 칼이다. 공정함은 탁월한 성과에 적절한 보상을 원칙으로 한다. 기업 리더가 이런 개념을 정확하게 이해하고 적용하지 못할 경우, 최고의 성과자들은 그 기업을 떠날 것이며 결국 그 기업은 망한다. 이를 사회 전체에 적용해도 똑같다. 사회적으로 탁월한 성과에 대해서는 반드시 합당한 보상을 해야 한다. 그래야 사회 전체의 생활 수준이 높아진다.

공정함은 낮은 성과에 적절히 대처할 것을 요구한다. 저低성과를 해결하지 않는 것은 불공정한 것이다. 기업에서는 저성과자들이 다른 구성원에게 해를 입힌다. 저성과자들의 일을 다른 사람들이 떠맡는 것은 공정함이 아니다. 아니, 공정함을 떠나, 그렇게 하는 것 자체가 저성과자들에게도 좋지 않다. 행복한 저성과자를 본 적이 있는가? 자격 요건에 못 미치는 사람이 일을 할 때는 성과를 낼 수도, 행복할 수도 없다. 자신이 잘하는 곳에서 높은 성과를 낼 수 있도록 돕는 것이 리더의 중요한 역할이다.

학교도 마찬가지다. 어떤 학생에게 실력보다 나은 학점을 주는 교수가 있다면, 그는 학생을 망치는 것과 같다. 학생은 자신이 실제보다 더 많이 안다고 생각할 것이며, 보다 높은 수준의 학문적 도전에 임할 수 없다. 학점 인플레는 불공정이다. 뛰어난 학생과 모자란 학생 모두에게 해를 끼칠 뿐이다.

왜냐하면 뛰어난 학생은 다른 학생들과 차별화가 안 되고, 부진한 학생은 자신의 실력을 과신하기 때문이다. 정의(공정함)에 대한 또 하나의 생각은 정의가 인간의 행동에만 적용된다는 것이다. 자연은 공정하지도 불공정하지도 않다. 그저 존재할 뿐이다. 자연을 상대로 불평하는 것은 시간과 노력의 낭비다.

공정함을 개인과 조직, 사회의 차원에서 살펴볼 필요가 있다. 개인적 차원에서 우리는 가치관과 관심사를 공유하는 사람과 관계할 때 가장 성공적인 인간관계를 맺게 된다. 이런 인간관계는 공정한 대가와 보상을 토대로 한다. 관계를 통해 받은 보상에 비례하여 상대에게도 보답해야 한다. 가치와 관심을 공유하는 관계를 구축하고 이익을 주고받는 관계만이 서로에게 유익하며 지속 가능하다.

조직의 관점에서 본다면, 합의된 조직의 가치를 얼마나 충실히 지키며 사명 성취에 기여했는지를 기준으로 개인을 판단하고 평가해야 한다. 그래야만 공정해진다. 가치의 준수와 각 개인의 됨됨이가 성과보다 중요하다. 사람들은 종종 단기적으로 뛰어난 성과를 내기도 한다. 하지만 기본적으로 인성에 결함이 있다면 장기적으로 조직 전체에 큰 해를 입힌다. 가치 문제를 엄격히 다루는 것은 조직이라는 관점에서의 공정함이다.

그렇다면 개인과 조직 차원에서의 공정함이라는 개념을 사회 전체에 어떻게 적용할 수 있을까? 우선 기본적으로 세상 사람들은 모두 공정함을 옹호한다는 사실을 직시해야 한다. 다만 공정함에 대한 다양한 개념이 존재할 뿐이다. 그리고 그 개념을 각 개인이 사회 전체에 적용하고 응용하게 만드는 것은 매우 어렵다. 또한 개인과 집단이 추구하는 공정함의 원칙에는 개념적으로 엄청난 괴리가 존재한다.

돈과 관련된 공정함에 관해 논해보자. 어떤 거래가 압력에 의해 억지로 성사되는 것이 아니라 자발적으로 이뤄지는 한, 그 거래를 통해 누구나 무엇이든 얻을 권리가 있다. 예를 들면 유명한 영화배우와 운동선수는 엄청난 돈을 벌지만 누구도 불공정하다고 말하지 않는다. 왜냐하면 사람들이 스스로의 선택에 의해 영화나 운동 경기를 보러 가기 때문이다. 영화배우와 운동선수는 사람들의 자발적 가치를 돈으로 교환한 것이다. 야구 관객은 야구 선수의 정치철학을 평가하지 않는다. 합의된 규칙에 의해 운동선수로서 경기에 집중하는 모습을 볼 뿐이다.

CEO 역시 자발적 교환을 기초로 연봉을 받는다. 종종 이사회가 보수에 대한 잘못된 결정을 하기도 하지만, 기본적으로 이들의 보수는 자발적 교환의 가치에서 생긴다. 공정함을 결정하는 것은 보상의 크기가 아니라 자발적 교환에 기초하느냐 아니냐 하는 것이다. 공정함은 자발적 교환에 있다. 만약 위협이나 사기가 개입되었다면 이미 불공정한 것이다. 자발적 교환에 기초하고 있다면 그 교환에 관여한 사람들은 대부분 공정함이 이뤄졌다고 생각한다. 공정함에 대한 이런 인식 때문에, 자발적 거래에 의해 주도되는 사회는 그 사회에 속한 모든 구성원에게 더욱 성공적인 결과를 제공한다.

국가 차원의 공정함은 진정한 자본주의 경제 시스템을 의미한다. 정부가 기업이나 압력단체 어디에도 특혜를 주지 않는 것이다. 구제 금융이나 대기업 노조에 대한 보조금 등에 국민의 세금이 낭비되는 것은 진정한 의미의 자본주의 경제 시스템이라 할 수 없다. 정부 정책에 따라 지급되는 신재생에너지 산업에 대한 보조금도 마찬가지다. 정부는 권력을 쥐고 있다. 그것이 민간과 근본적으로 구별되는 것이다. 정부가 그 권력을 남용하면 공정함이 사라진다. 자발적 교환 원칙이 깨지면서 공정함이 와해되고, 힘의 개념이 그 자리를 차지한다. 그렇게 되면 사회에는 단지 권력을 향해 경쟁하는 집단들만 남을 것이고, 결국 경제적 번영은 파괴되고 만다.

공공의 이익이란 정의할 수 없는 개념임을 알아야 한다. 대중은 존재하지 않는다. 대중이란 수많은 개인에 불과하다. 아인 랜드Ayn Rand가 〈공익The Common Good〉이라는 저서에서 주장했듯이, 공익이 사회 구성원의 개인적인 이익과 거리가 멀거나 상위에 있을 경우 특정 사람들의 이익이 다른 사람의 이익보다 우선시되며 다른 사람들이 희생의 제물로 전락하기도 한다. 공익이 크면 클수록 사람들은 잘못된 추상적 개념으로 인해 현실적 판단을 하기 어렵다. 아무리 복잡하고 어려운 개념이라도 현실을 기반으로 판단할 수 있어야 함을 잊어서는 안 된다.

부의 재분배라는 이슈에 관해 논의해보자. 만약 10가구가 한 동네에 살고 있다고 가정해보자. 그중 A 가구의 연간 소득은 20만 달러이고, B 가구는 4만 달러다. 다른 가구는 평균 수준의 소득을 유지하고 있다. 어느 날 평균 소득의 가구가 모여, 20만 달러를 버는 A 가구에게 소득의 절반을 다른 가구에게 나눠주라고 결의하는 투표를 제안하고, 이를 6가구의 찬성으로 통과시켰다고 해보자. A 가구가 이를 거부할 경우 어떤 문제가 생길 것인가? A 가구는 다른 곳으로 떠날까? 아니면 다른 가구를 매수하여 투표 결과를 바꿀까? 당신이라면 이 마을에서 살고 싶은가?

　과반수의 의견이 공익을 위한 것이라는 데 동의한다 하더라도, 규모와 절차에 따른 공정함이 없었다면 정당하지 않다. 특히 과반수가 어떤 결정에서 이득을 얻는다면 더 그렇다.

　평등주의로 인한 폐해도 주의해야 한다. 마이클 조던은 미국 역사상 가장 위대한 농구 선수다. 그는 가난한 어린이들에게 큰 영감을 주었다. 나와 같은 사람들은 아무리 열심히 노력해도 마이클 조던과 같은 위대한 농구 선수가 될 수 없지만, 마이클 조던과 같은 위대한 인물을 만드는 데 도움을 줄 수는 있다. 보통 사람을 도와 위대하게 만드는 것은 가치 있는 일이다. 리더의 역할이 바로 여기에 있다. 그러나 평등주의자의 시각은 위대한 사람을 보통 사람으로 만드는 것과 다르지 않다. 이런 사례는 역사적으로 많이 나타난다. 소크라테스Socrates를 독살하고 갈릴레이를 감금했으며 잔다르크Jeanne d'Arc를 화형시켰다. 오늘날 우리는 조금 더 점잖고 세련된 방법으로 이 같은 행위를 저지른다. 각종 규제와 높은 세금으로 위대한 기업과 개인에게 족쇄를 채우는 것이다.

　미국 의회의 예산위원회와 국세청에 따르면, 연방 전체 세수의

35%는 상위 1%의 납세자로부터 나오며, 납세자의 상위 5%가 전체 세수의 57%를 차지한다. 소득이 있는 사람의 40% 이상이 연방소득세를 내지 않는다.

위대한 개인과 기업은 인류 복지에 많은 기여를 한다. 우리 모두는 토머스 에디슨Thomas Edison 덕분에 더 좋은 삶을 살고 있다. 인간이 모두 균등할 수는 없다. 균등과 평등을 주장하는 배경에는 질투가 존재한다. 질투는 증오로 바뀌고 최고를 공격한다. 평등과 균등의 추구는 발전과 성장을 저해한다.

어느 영역에서든 인구의 절반은 평균 이하임을 기억하라. 나 역시 음악 분야에서는 평균에도 훨씬 못 미친다. 스스로 그것을 인정하기에 나의 음악 실력을 평균 이상으로 끌어올리려 노력하지 않는다. 내가 평균 이상이 되는 방법은 평균에 속하는 사람들의 음악 실력을 끌어내리는 것이다.

평등주의가 파괴적일 수 있는 이유가 여기에 있다.

# CHAPTER 10

## 자부심

아리스토텔레스는 자부심을 최고의 덕목으로 꼽았다. 자부심을 갖기 위해서는 이성, 독립적 사고, 생산성, 정직, 도덕성, 공정함 등 다른 덕목이 모두 필요하기 때문이다. 자부심은 개인이 갖는 여러 가지 가치를 일관되게 실천할 수 있도록 만드는 심리적 보상이다.

미래에 윤리적 결정을 앞두고 있을 때, 자신이 지키고 있는 가치와 앞으로 해야 할 일들을 많은 사람들 앞에서 당당하게 밝힐 수 있는지 확인해보는 것이 좋다. 그렇게 할 수 없다면 결정을 보류해야 한다. 어떤 일을 할 것이며 왜 하는지가 분명하지 않다면 해서는 안 되기 때문이다. 사람은 누구나 스스로를 자랑스럽게 생각하려 한다. 자신에게 자랑스럽지 않은 일을 한다면, 과오나 잘못이 드러나지 않더라도 스스로를 자랑스럽게 생각할 수 없다.

자부심은 종종 치명적인 죄악으로 묘사되기도 한다. 자부심의 부정적인 형태는 그릇된 자부심과 오만으로 나타난다. 어떤 사람은 다른 사람이 성취한 결과를 자신의 공으로 삼으며 자부심을 갖기도 한다. 이는 부정직이며 비난받아 마땅하다.

오만은 자신의 인격과 능력을 과대평가하는 것이다. 아주 위험하다. 이는 그릇된 자부심 혹은 부적절한 자신감을 초래하여 비이성적인 의사결정에 이르게 만든다. 오만한 사람은 자신에게 불리한 의견을 받아들이지 않으며 자신의 실패를 다른 사람의 탓으로 돌린다. 다른 사람이 성취한 공을 차지하는 경우도 있다. 이 모든 것이 오만이다. 아리스토텔레스의 관점으로 보면 윤리적 행동을 통해 인격을 확보함으로써 자신을 자랑스럽게 생각할 수 있게 만들어야 한다.

앞서 생산성에 관한 이야기를 나눴다. 조직의 관점에서 구성원을 자랑스럽게 만드는 방법은, 구성원이 조직의 사명을 달성하여 생산성에 기여하도록 만드는 것이다. 조직의 일원으로 개인은 도덕적이며 생산적이어야 한다. 그리고 그 개인은 공정함을 다뤘던 9장에서 설명했던 것과 같은 기준으로 평가되어야 한다. 그런 면에서 모든 가치는 서로 모순되지 않고 조화를 이뤄야 하는 것이다.

사람들은 자부심을 느끼게 해주는 조직에서 일하기를 선호한다. 이것은 바로 조직을 생산적이고 윤리적으로 만들어야 한다는 것을 의미한다. 조직을 이끄는 리더의 중요한 책임은 모든 구성원이 자신이 속한 조직을 자랑스럽게 생각하도록 만드는 것이다. 조직이 실패하는 가장 흔한 이유는 부정직과 같은 윤리적 일탈이다. 이를 평판 위험이라고도 한다. 이런 위험은 개인과 팀, 조직은 물론 심지어 국가에도 적용된다.

평판은 약속한 것을 지키지 않을 때 훼손된다. 개인이든 조직이든 마찬가지다. 광고를 포함하여 무리한 약속을 남발하는 것은 해롭다. 가장 좋은 방법은 적게 약속하고, 약속한 내용을 초과 달성하는 것이다. 대부분의 조직은 생산성 기여를 통한 사명 달성을 최고의 덕목으로 꼽는다. 개인은 존재 자체가 목적인 반면, 조직은 특별한 목적을 위해 만들어졌기 때문이다.

생산성이 가장 흔히 볼 수 있는 덕목이고, 영리 법인의 경우 항상 강조하는 덕목이지만 단기적인 생산성 목표 달성을 위해 다른 덕목들을 희생시키는 것은 매우 위험하다. 속임수로 단기 생산성 목표를 올릴 수 있고, 이것이 합법적이라 할지라도, 결국에는 조직을 해치는 큰 문제가 될 것임이 분명하기 때문이다.

자부심을 위한 자기 훈련법은 자신 혹은 조직이 한 모든 일과 그 이유를 세상이 다 안다고 가정하는 것에서 출발한다. 세상은 나와 다른 의견을 가질 수 있다. 비판적인 시각 앞에서조차, 자신과 조직이 갖고 있는 가치를 바탕으로 내린 의사결정을 자랑스럽게 생각할 수 있어야 한다. BB&T 역시 2008년 금융위기 상황에서 나쁜 결과를 초래한 의사결정을 몇 가지 한 적이 있었지만, 윤리적 관점에서 사과해야 할 그런 결정은 한 번도 하지 않았다.

케이토연구소는 추구하는 연구에 극도로 엄격한 기준을 갖고 있다. 그것이 연구소의 활동에 신뢰를 부여하기 때문이다. 케이토연구소가 건의하는 정책들이 특별한 상황에 영합되지 않을 수 있다. 그리고 자신의 목적에 부합되지 않는다고 연구 결과의 오류를 찾아 밝히려는 사람도 있을 수 있다. 그러나 케이토연구소는 특정한 주장을 입증하기 위해 사실에 관한 오류를 범하거나 비이성적인 결론을 도출하지 않았다. 사려 깊은 사람이라면 객관적인 연구를 바탕으로 내린 결론을 존중해야 한다. 연구소의 가장 큰 자산은 연구물에 대한 평판이다.

가끔 겸손이 미덕으로 정의되기도 하지만 성공의 과정에서 겸손이 돋보이는 경우는 많지 않다. 높은 실적을 내는 사람들은 자부심을 효과적인 방법으로 숨기면서도 성취한 것에 대해서는 큰 자부심을 갖는다. 내 경험으로는 효과적인 리더는 겸손하지도 않고 오만하지도 않다. 최고의 리더는 자신의 강점과 약점에 대해 객관적이다. 그들은 이성적인 자기 평가에 바탕을 둔 자신감을 갖고 있다. 자신의 약점을 알아야 효과적인 관리가 가능하다. 이런 리더는 조용히 스스로를 자랑스러워한다. 진정한 자부심은 남이 해주는 피드백에 기초한 평가에 의존하지 않고, 자기 평가에서 나온다. 진정한 자부심을 갖기 위해서는 명확히 정의되고, 서로 모순되지 않으며, 세상의 삶과 부합하는 가치 체계를 갖고 이를 실행해나가야 한다. 달리 말하면, 자부심을 갖기 위해서는 도덕적 인격을 갖추어야 한다. 다시

한 번 강조하지만, 효과적인 가치 체계는 통합적이어야 한다.

자부심과 도덕성은 종합적 개념이라는 점에서 특별한 범주에 속하는 가치 덕목이다. 다른 덕목을 갖고 있으면서 동시에 도덕적 인격을 보여주었기 때문에 자부심을 가질 수 있는 것이다. 자신을 자랑스럽게 생각할 수 있는 자격은 반드시 뛰어난 성과에 기초하지 않는다. 생산적이지도 않으면서 비윤리적인 방식으로 큰 부를 이뤘다면 그 사람은 자랑스러워할 자격이 없다. 본인도 그렇게 생각할 것이다. 반면에 자신의 능력을 최대한 발휘하고 윤리적으로 일관된 행동을 한 사람이라면 스스로 자부심을 가질 자격이 충분하다. 사내 정치로 성공한 CEO 또한 자부심을 가질 자격이 없는 것도 마찬가지다.

"착한 사람은 꼴등 한다"라는 말을 들어본 적이 있는가? 이것은 사실이 아니다. 장기적인 관점에서 보면 윤리적인 것이 바로 실용적인 것이다. 경제적 성공이나 세상의 인정이 없더라도 덕은 행하는 것 자체가 보상이다.

# CHAPTER 11

## 자존감 – 자기 동기 부여

장차 리더가 될 대학생들과 대화할 때, 나는 실패가 바로 무의식적인 자존감 때문인 경우가 많다고 말한다. 대부분의 실패는 똑똑하지 못하거나 교육을 잘못 받아서가 아니라 자존감 부재에서 오는 나쁜 행동에서 기인한다.

진정한 자존감은 행복의 토대이며, 행복은 바로 삶의 목표다. 고된 일을 통해 행복을 얻는다면 그것이 바로 성공한 삶이다. 사업가들은 종종 혼동한다. 재산을 많이 갖는 것이 인생의 목표로 생각하는 것이다. 돈은 좋다. 그러나 목적은 아니다. 삶의 목적은 바로 행복이며, 행복은 진정한 자존감에 의해 좌우된다.

그동안 많은 연구가 이뤄졌지만, 자존감은 쉽지 않은 주제다. 자존감에 관한 네 가지 중요한 생각을 살펴보자.

자존감은 주어진 현실에서 잘 살고 성공할 수 있다고 믿는 자신감에 근거한다. 따라서 자존감은 스스로 얻는 것이며, 다른 사람으로부터 가져올 수 없다. 심지어 자녀들에게조차 자존감을 줄 수 없다. 다시 말해 자존감이란 스스로 획득해야 하는 것이다. 학교 공부를 잘해내지 못한 자녀를 칭찬하는 것은 오히려 자존감을 꺾는 행동이다. 자존감을 획득하는 주된 방법은 도덕적이며 자신의 가치에 부합하는 삶을 살아나가는 것이다. 이렇게 살도록 돕는 것이 자존감을 갖게 하는 유일한 방법이다.

자기 성찰은 자존감의 개념을 이해하는 데 도움을 준다. 자신이 세운 원칙을 지키지 않으면서 눈앞의 이익을 위해 행동한 적이 없는지 생각해보자. 어떤 단계에 이르면 자신이 어떤 행동을 했는지도 모를 수 있고, 다행히 아무 일이 일어나지 않았다 하더라도 죄책감이 남을 것이다. 이것은 심리적 경고다. 자신의 원칙을 어겼을 때 잠재의식은 경고를 보낸다. 심리적으로는 자신의 가치관을 끝까지 속일 수 없다.

진정한 자존감을 위해서는 자신이 좋은 사람이 될 것이며 행복할 권리를 가졌다는 믿음을 마음속 깊이 가져야 한다. 불행히도 우리 사회에는 자신이 나쁜 인간으로 태어났다고 믿는 사람이 많다. 이들이 나쁜 인간이라고 생각하는 것은, 인간이란 이기적 존재이며 이기심은 나쁜 것이라 믿고 있기 때문이다.

네 살배기 존과 프레드가 동네 놀이터 모래사장에서 놀고 있다. 존은 아빠가 사준 트럭 장난감을 갖고 논다. 이때 프레드가 존의 트럭 장난감에 욕심을 내고 눈독을 들인다. 존은 장난감을 프레드에게 주고 싶은 마음이 없다. 이런 상황에서 엄마나 아빠, 주일학교 선생님, 혹은 유치원 교사가 끼어든다. "존, 트럭을 프레드와 함께 갖고 놀아야지. 욕심을 부리지 않아야 착한 아이란다"라고 말한다.

이 놀이터 모래사장에서 얻을 수 있는 두 가지 철학적 질문에 관해 대답해보자. 우선 프레드는 존의 트럭을 갖고 놀겠다고 요청할 권리가 있는가? 그리고 엄마나 아빠, 혹은 유치원 교사의 말은 존에게 무엇을 가르치려는 것인가? 이처럼 간단한 사례로 현대 사회의 복지에 관해 생각해볼 수 있다. 자신의 인생이 다른 사람의 필요나 욕구보다 중요하지 않다는 사실을 존은 배웠다. 다른 사람이 자신이 가진 것을 원할 경우 존은 자신이 원하는 것을 보호하기 위해 싸울 수도 없었다. 나쁜 사람이 되지 않기 위해 존은 프레드가 원하는 것과 필요로 하는 것을 제공할 수밖에 없다. 이기적인 인간이 되어서는 안 된다는 것이다.

합리적이고 장기적인 자신의 이익을 위해 행동하는 것을 이기심이라고 정의한다면, 살아 있는 모든 것은 자신의 이익을 위해 행동하며, 그러지 않으면 생존할 수 없다는 사실을 잊어서는 안 된다. 사슴이 포식자로부터 달아나지 못하면 잡아먹힌다. 나무는 더 높이 자라야 다른 나무보다 많은 햇빛을 받을 수 있다. 삶이란 그 정의가 말하듯이 스스로를 유지하는 행위다. 자신의 생명을 더 이상 유지하지 못하는 생물은 죽는다. 이것이 바로 자연이다. 그리고 슬프지만 받아들여야 하는 현실이다.

어떤 사람이 '사리사욕을 위해 행동했기 때문에 나쁘다'라고 말하는 것은 그 사람이 '살아 있기 때문에 나쁘다'라고 말하는 것과 같다. 자신의 이익을 위해 행동하지 않는다면 그 사람은 결국 죽고 만다.

합리적이고 장기적인 자신의 이익을 위해 행동하는 것으로 이기심을 정의한 데는 이유가 있다. 앞서 밝혔던 놀이터 사례처럼, 다른 사람을 이용하거나 스스로 희생하는 선택이 주어지는 경우가 많기 때문이다. 남을 이용하는 것을 이기심으로 정의해서는 안 된다. 자신의 이익을 위해 남을 이용하는 것은 장기적으로 자신에게 해를 끼친다. 한두 명을 속일 수는 있지만, 주위의 모든 사람을 속일 수는 없다. 한두 사람을 속여 주위 사람으로부터 신뢰를 잃는 순간 행복과 성공은 멀리 달아난다. 한 가지 확실한 사실은, 자신의 이익을 위해 사람을 이용하는 사람은 결국 드러나게 되어 있다는 점이다. 가급적 그런 사람을 피하고, 피할 수 없다면 극도로 조심하라. 만약 그런 사람이 부하 직원이라면 적극적으로 교육하라. 교육을 해도 바뀌지 않는다면 해고해야 한다.

다른 사람을 이용하는 것이 이기적이 아니라 자해적이라는 사실에는 또 다른 이유가 있다. 누구나 다른 사람에게 영향력을 행사하고 싶어 한다. 리더십의 핵심이 바로 다른 사람에게 영향력을 행사하는 것이기 때문이다. 그러나 누군가를 이용하기 위해 현실을 외면하고 진실을 회피한다면 그 피해는 자신에게 돌아온다. 잠재의식 속에 존재하고 있는 죄책감으로 자신의 자존감이 채워지지 않기 때문이다. 결국 남을 이용하는 행위는 자존감을 떨어트리는 중요한 원인으로 작동한다.

나는 여태 남을 이용해서 목적을 달성한 사람 중에서 행복해하는 사람을 본 적이 없다. 물론 남을 이용해 부자가 된 사람을 만나본 적은 있지만, 이들은 모두 내가 만난 사람들 가운데 가장 불행한 사람들이었다. 남을 이용하는 것은 이기적인 게 아니라 스스로를 파멸시키는 것이다.

또 다른 선택인 자기희생은 어떤가? 자기희생은 우리 사회의 도덕률이다. 학교, 교회, 언론 등에서는 온갖 "피해자" 명단을 만들어 남을 위해 희생할 것을 강요한다. 이들 피해는 곳곳에 존재한다. 다음 질문에 답할 수 있다면 삶의 질은 크게 변할 것이다. "다른 사람 모두가 그들 인생에 대한 권리를 갖고 있는 것처럼, 나도 내 인생에 대한 권리를 갖고 있는가?" 많은 사람이 자신의 권리를 자신이 갖고 있다고 생각할 것이다.

그럼에도 집단주의 혹은 국가주의적 사고를 가진 사람들은 개인의 권리를 인정하지 않는다. 모든 권리는 집단 혹은 그룹이 갖고 있다고 주장한다. 일반 사람은 자신의 삶에 대한 명확한 권리를 보호하려 하지 않으면서 집단주의자들의 사고에 동조해왔다. 이와 관련하여 이타주의적 사고를 생각해볼 수 있다. 이타주의는 자비심이 아니다. 이타주의란 타인주의와 같다. 자신을 제외한 다른 모든 사람이 중요하다는 의미다. 이는 자신을 제외한 다른 모든 집단을 중요하게 생각한다는 관점에서 집단주의적 사고와 유사하다.

이타주의는 또한 철학적으로 스스로를 부정한다는 문제를 갖고 있다. 이타주의적 사고라면, 이웃보다 더 많이 갖고 있는 사람은 자신이 가진 것을 이웃과 나눠야 할 의무가 생긴다. 이는 자신의 권리를 포기하는 것이며, 자신의 삶에 대한 권리를 갖고 있지 않다고 주장하는 것과 같다.

다른 사람을 이용하는 것이나 자기희생은 모두 합리적인 선택이 아니다. 하지만 합리적이며 설득력 있는 대안은 있다. 그것은 바로 도덕적 기반이다. 이는 개인의 자존감, 최적화된 조직, 그리고 자유롭고 풍요로운 사회를 위해 존재한다. 도덕적으로 개인은 가치와 가치를 교환하는 트레이더와 같다. 리더라면 다른 사람들이 자발적으로 가치를 교환함으로써 목적을 달성할 수 있도록 도우며, 한편으로 자신의 목적 달성을 위한 방법을 지속적으로 찾아야 한다.

안정적으로 지속되는 인간관계는 두 가지 형태로 존재한다. 둘 다 이기는 것과 둘 다 지는 것이다. 탐욕에 차서 상대를 승-패 관계로 설정하면 적의만 남게 되며 결국 패-패 관계로 끝난다. 자기희생적인 마음으로 패-승 관계를 만드는 것도 바람직하지 않다. 자신은 그 관계를 통해 얻는 이득이 무엇인지 끊임없이 고민할 것이며, 상대

또한 그 관계를 통해 당신이 얻게 될 이득이 무엇인지 질문할 것이다. 둘 다 이기는 윈-윈 관계를 만드는 것이야말로 성공과 행복을 위한 근본적인 수단이다.

물론 가족이나 친구, 혹은 가치를 공유하고 있는 동료처럼 자신에게 객관적으로 중요한 사람들을 돕는 것은 개인의 이익을 위한 활동이다. 사랑하는 가족을 돌보는 것은 희생이 아니다. 사랑은 이기심이 최고로 발전된 단계라 할 수 있다. 사랑을 자기희생이라고 생각하는 사람들이 있다. 하지만 진정한 사랑은 매우 이기적이다. 우리는 가치 있는 상대에게 사랑을 고백한다. 그럴 만한 가치가 있기에 그 사람을 돌보고 보호하고, 온갖 고통을 감수하며, 심지어 생명까지 내놓는다고 한다. 상대가 없으면 자신의 인생에 큰 의미가 사라지기 때문이다.

자선도 이기심의 발로다. 나는 연합자선단체에 기부를 한다. 이는 나 자신의 합리적인 사익을 위한 활동이다. 나는 이런 단체가 활발히 활동하는 사회를 기대하며, 또한 우리 자손들이 사는 사회에서도 이런 단체의 활동이 활발하게 이뤄지기를 기대하기 때문이다. 자선단체에 대한 지원을 희생이나 의무로 생각해서는 안 된다. 그것은 가치와 가치를 교환하는 일종의 거래와 같다.

이기심에 대한 오해가 하나 더 있다. 이것은 사람들이 이기심을 지나치게 자기중심적인 것으로 생각하도록 개념을 변형하는 것에서 비롯되었다. 물론 이기심이라는 단어 자체가 자기중심적이라는 뜻을 내포하고 있지만 "지나치게" 부정적인 의미를 암시하는 것은 바르지 않다. 물론 지나친 자기중심 또는 자아도취는 이성적이지 않다. 일부 사람들은 지나치게 자기중심적이라는 좁은 시야를 갖고 있지만 이는 비이성적인 행위에 불과하다. 이를 이기심으로 매도해서는 안 된다.

그렇다면 합리적인 개인의 이익을 추구하기 위해서는 무엇이 요구되는지에 대해 알아볼 필요가 있다. 우선 "거시적 관점을 유지해야" 한다. 자신에게 어떤 종류의 세상에서 살고 싶은지, 그런 세상을 만들기 위해 어떤 행동을 할 수 있는지 자문하는 것이다. 달리 말하면, 명확한 삶의 목표를 세우는 것이다.

둘째, 자신의 삶을 이끌어주고 성공과 행복을 증진하는 데 도움이 되는 분명한 가치와 목적을 갖는 것이다. 그런 다음 목적을 달성하기 위한 전략을 수립하고 실천해야 한다.

셋째, 자신의 몸을 돌보는 것이다. 적절히 먹고 알맞은 운동을 하며 독서와 공부 같은 지적 활동을 함으로써 육체와 정신을 갈고닦아야 한다. 그리고 나서 자신의 가치관을 공유할 수 있는 사람들과 건강한 관계를 구축하는 데 집중하는 것이다. 아리스토텔레스의 말처럼 우정은 자기 성찰의 수단으로 특별히 중요한 의미를 갖는다.

모든 사람이 뚜렷한 목적의식과 이성적이고 긍정적인 가치관, 그리고 각자의 가치에 부합하는 목표를 갖고, 이를 전략적으로 추진하며, 건강한 몸과 정신으로 가치관이 같은 사람들과 좋은 인간관계를 구축해나가는 사회를 상상하는 것은 행복한 일이다.

또한 모든 사람이 이기심을 장기적으로 합리적인 개인의 이익을 위한 것이라 믿고 제대로 행동한다면, 이 세상에 존재하는 많은 문제가 저절로 해결될 것이다. 대부분의 언론은 사회적 문제가 이기심 때문이라고 말한다. 합리적으로 개인의 이익을 추구하는 사람이 많지 않기 때문이다. 사람들은 자신의 삶 일부를 스스로 파괴한다. 이런 자멸적 태도는 낮은 자존감에서 비롯되며, 이는 사회가 이타주의를 강요하기 때문이다. 이타주의적 사고로는 생존 자체가 어렵다. 그럼에도 이타주의적 사고를 강요하는 것은 개인의 가치를 떨어뜨리는 의미 없는 죄책감만을 강조하는 것이다.

알코올 중독에 빠져 목숨을 잃은 사람이 이기적인가? 사기로 수많은 돈을 가로챈 범죄자를 두고 이기적이라 할 수 있는가? 그들은 이기적이어서 그런 게 아니라 스스로를 파괴했기 때문에 그렇게 된 것이다.

높은 수준의 진정한 자존감을 갖고자 한다면, 자신이 좋은 사람이며 행복해질 권리를 갖고 있다는 사실을 잠재의식 깊숙이 심어둬야 한다. 자존감을 높이는 또 다른 방법은 끊임없이 자신을 평가하는 것이다. 무엇을 원하는지, 올바른 방향으로 가고 있는지, 자신의 목적을 위해 일하는지, 그리고 자신의 가치관에 부합하는 삶을 살고 있는지와 같은 질문을 스스로에게 던지는 것이다.

자신을 판단할 때는 자신의 능력을 고려한 합리적인 기준을 사용해야 한다. 예를 들면 음악을 좋아하지만 음악적 소질이 없는 사람이 있을 수 있다. 그런 사람이 모차르트처럼 위대한 협주곡을 쓸 수 없다는 이유로 자신에게 미안한 마음을 가질 필요는 없는 것이다. 그러나 자신이 세운 목적을 달성하기에 필요한 능력을 충분히 갖고 있으면서도 노력하지 않는 것은 다르다.

목적을 설정하고 자기평가를 하는 데는 세상이 판단하는 목표와 성취의 크기는 중요하지 않다. 목적과 자기평가는 자신의 능력 안에서 이뤄져야 한다. 작은 식당을 열어 운영할 수 있는 능력과 욕구가 있다면 그것만으로 충분하다. 세상이 갖고 있는 기준보다는 자신의 능력과 비교하여 평가하면 된다.

자신의 가치와 원칙을 기준으로 평가하는 것이 가장 중요한 자기판단이다. 돈을 많이 벌고 있지 않더라도 자신의 가치관에 부합하는 삶을 살고 있다면 자신을 긍정적으로 평가할 권리가 있다. 반대의 경우도 마찬가지다. 돈을 많이 벌고 있더라도 자신의 가치관에 부합하지 않는 부정직한 방법으로 성취한 것이라면 스스로에게 부정적인 평가를 내려야 한다. 잠재의식이 그 성취를 죄책감으로 만들 것이기 때문이다.

자기평가를 하는 과정에 두 가지 오류가 흔히 발생한다. 하나는 스스로를 과대평가하는 것이다. 이것은 오만이다. 역설적으로 오만은 낮은 자존감에서 비롯된다. 창업가들은 강한 자신감이 필요하지만, 오만해서는 안 된다. 오만한 사람은 자신의 능력을 과대평가하고 실패의 위험을 과소평가한다. 자신감은 매우 중요하며 길러야 할 덕목이지만 오만은 잘못된 자신감일 뿐이다.

또 다른 오류는 스스로를 과소평가하는 것이다. 이런 경우 어린 시절 부모와의 관계에서 부정적인 평가를 많이 받아온 사람들에게서 많이 나타난다. 나중에 좀더 논의하겠지만, 이런 실수는 자기평가 기준을 비합리적으로 잡아 발생하기도 한다. 예를 들면 "나는 빅토르 위고와 같은 훌륭한 작가가 아니어서 가치가 없어"라고 생각하는 것이다.

부정적 자기평가의 바탕에는 보다 뿌리 깊은 문제가 자리 잡고 있다. 놀이터 모래사장에서 존이 이기적인 행동이 나쁘다고 배운 사례에서 알 수 있다. 이기적이지 않았으면 생존과 성공에 이르지 못했을 것이지만, 잠재의식 깊숙한 곳에 이기심을 가치 없는 것으로 판단하고 있는 것이 문제다.

자존감으로 돌아가 보자. 자존감을 북돋아 주는 동기는 대부분 낭만적인 사랑과 생산적인 일에서 생긴다. 낭만적인 사랑은 생존 본능에 가깝다. 하지만 한 가지 유념할 것이 있다면 자신을 행복하게 해줄 사랑을 찾기보다는 자신의 행복을 함께 나눌 사랑을 찾는 것이 현명하다. 사랑은 자신의 존재 가치를 증명하면서 자존감을 채워준다.

사람은 누구나 자신의 일에 엄청난 시간과 에너지를 쏟는다. 우리의 인생 경험 중 많은 부분이 일과 관련되어 있다. 자신의 일을 어떻게 만들어가느냐가 바로 자존감을 높이는 원동력이다.

일을 잘하는 것은 회사에 매우 중요하다. 하지만 자신에게 훨씬 더 중요하다는 사실을 잊어서는 안 된다. 그리고 일을 잘했는지 아닌지는 자신이 가장 잘 안다. 상사를 속일 수는 있지만, 자신을 속일 수는 없다. 자신의 지식과 능력을 기반으로 최선을 다해 일을 수행하지 않는다면, 자존감은 땅에 떨어지고 만다. 자존감을 높이는 것은 승진이나 연봉 인상보다 중요하다. 자존감이란 인격을 만드는 핵심 동력이기 때문이다.

주어진 일을 잘하는 것은 자존감을 강화하고, 상위 단계의 과업을 맡는 기회가 된다. 이런 과업을 많이 맡게 되면 능력과 역량이 커지면서 더 많은 자신감을 갖게 되는 선순환 구조가 만들어지는 것이다.

자존감이란 자신감을 토대로 발전한다. 비교적 단순한 일이라도 그것을 정복하고 나면 자신감이 생긴다. 가끔 어렵고 복잡한 일로 자신감을 갖지 못하게 되면, 일을 잠깐 멈추고 물러서서 조금 단순하고 쉬운 일에 집중하는 것이 효과적이다.

합리적 자존감은 인간 행복의 중요한 요소이므로 리더는 구성원의 자존감을 높이기 위해 노력해야 한다. 우선 구성원이 하고자 하는 일을 할 수 있도록 훈련시켜야 한다. 회사의 경우 직원이 실패하는 가장 흔한 이유는 자신의 일에 대한 적절한 교육과 훈련을 받지 않는 것이다. 훈련받은 직원은 일을 효과적으로 수행할 것이며, 이로 인해 자신감이 고취되고 자존감도 높아지며 새로운 일을 더 잘하게 된다. 과업의 단계별로 적절한 권한과 책임을 부여하며 일을 더 효과적으로 완수할 것이다.

조직의 사명과 가치라는 틀 안에서 직원과 윈-윈 관계를 만들기 위해서는, 일을 통해 직원 스스로가 자기 이익을 추구할 수 있도록 허락해야 한다. 이 주제에 대해서는 후반부에서 더 다룰 것이다.

지금까지 논의한 원칙들은 모두 연결되어 있다. 예를 들면 탁월한 실적에 보상하는 것(공정화)은 자존감을 북돋아 주고, 다른 사람들에게 자존감을 얻는 방법을 보여준다.

박애주의와 합리적 자기 이익을 추구하는 것은 상충되지 않는다. 박애주의는 성취감을 얻는 새로운 방식이며 이를 통해 자존감이 확대되기도 한다. 내가 겪은 두 가지 경험도 이것을 증명하고 있다.

나의 첫째 아이는 미숙아로 태어났다. 아이가 신생아 집중치료실에 있는 동안 우리 부부는 맥도날드 회사가 어린아이 환자와 부모를 돌보기 위해 설립한 로날드 맥도날드 하우스Ronald McDonald House에 머무를 수 있었다. 만약 이곳을 이용하지 않았다면 아이가 생존을 위해 몸부림치는 동안 우리 부부는 병원 복도에 있는 플라스틱 의자에서 밤을 새웠을 것이다. 만약 한 번이라도 병원 복도 플라스틱 의자에서 밤을 새워본 사람이라면 로날드 맥도날드 하우스가 얼마나 위대하고 인도적인 시설인지 더 이상 설명할 필요가 없을 것이다.

몇 년이 지난 후, 우리 부부는 당시 살던 동네에 로날드 맥도날드 하우스가 생긴다는 말을 듣고 그 프로젝트에 적극 참여했다. 프로젝트에 참여한 사람 중 일부는 우리와 같은 일을 겪었고, 나머지 사람들은 그저 박애주의자들이었다. 자금을 모으고 건물을 짓는 것은 힘든 일이었다. 하지만 참여한 모든 사람은 만족스러워했다. 아무런 보수도 없었지만, 로날드 맥도날드 하우스 건립을 지원한 것은 생산적인 일인 동시에 의미 있는 일이었다.

또 다른 경험은 장애인 재단 이사회에 참여해 달라는 요청에서 시작되었다. 그 재단은 아쉽게도 관리상 많은 문제가 있었고, 이사회에 참여할 경우 제법 많은 개입이 필요한 상황이었다. 하지만 나는 요청을 수락했고, 재단이 회생되는 과정을 지켜볼 수 있었다. 재단은 장애인들에게 큰 영감을 주었고, 재단의 구성원은 모두 강도 높은 일을 수행하며 생동감 넘치는 경험을 장애인들에게 제공했다.

나는 두 가지 경험을 통해 많은 것을 배웠다. 그리고 이 경험은 장기적이고 합리적인 선택을 하는 데 큰 도움이 되었다. 이는 프로젝트에 참여한 모든 사람이 단지 남을 위해 일한 것이 아니라 자신에게도 이득이 되었음을 의미하기도 한다. 분명한 윈-윈 관계인 셈이다.

많은 경제학자들이 "무임승차(승객)" 문제로 인해 공공(비정부) 프로젝트가 와해될 수 있다고 말한다. 공공 프로젝트에 대한 자발적 출연이 무임승차하는 사람을 만들어 결국은 실패한다는 것이다. 하지만 이는 탁상공론에 불과하다. 나는 그동안 많은 공공 프로젝트에 참여했으나 이런 문제를 경험해본 적이 없었기 때문이다.

로날드 맥도날드 하우스와 장애인 재단을 만드는 사람들은 자기 자신을 위해 일을 했을 뿐이다. 그들은 무임승객에 대한 걱정은 전혀 하지 않는다. 자발적 관계는 목표를 달성하는 데 더 효과적이며 효율적이다. 무임승차 문제를 제기하는 것은 권력을 동원하여 새로운 목적을 달성하겠다는 핑계에서 시작되었다. 예를 들면 시장의 실패를 빈미로 정부 개입의 필요성을 정당화하는 데 사용된 사례가 그렇다. 시장은 실패하지 않는다. 시장이 작동되지 않는 경우는 언제나 정부가 강압적인 권력을 휘두르기 때문이다. 시장 실패는 정부 개입을 정당화하기 위한 근거 없는 통념에 불과하다.

합리적 자존감은 개인과 조직의 번영에 필수적이며, 성공하는 사회의 토대가 된다. 사회적으로는 개인의 행복 추구 권리를 자연스러운 문화로 만드는 것이 중요하다. 이런 문화에서는 공동의 이익을 위해 개인을 희생하거나 소모품으로 여기지 않는다. 또한 개인의 가치와 믿음을 기초로 그들의 목적을 자유롭게 추구할 수 있도록 한다. 이것은 미국 건국자들이 마음에 품었던 사회와 똑같다.

그것은 개인이 다른 사람의 권리를 침해하지 않으면서 윈-윈 관계를 구축하고, 합리적인 각자의 이익을 추구하는 권리가 보장된 사회다. 개인은 정부의 위협이 아닌 각자의 선택에 따라 자발적으로 지역사회를 결성한다. 이런 형태의 문화는 개인의 자존감을 보장하는 기회를 충분히 제공한다. 이런 문화가 자신감 있고 생산적인 사회를 만든다.

# CHAPTER 12

## 팀워크 – 상호 지원

성공하는 조직은 독립적 사고와 강한 목표(스스로를 동기 부여하는)를 가진 개인 구성원을 필요로 하지만 대부분의 일은 팀 단위로 이뤄진다. 이는 조직 내에서 성공하기 위해서는 각 개인이 유능한 팀 플레이어가 되어야 함을 의미한다. 조직 차원에서 보면, 복잡한 과업을 완수하기 위해서는 팀워크가 필요한 것이다. 리더십의 상당 부분은 다수의 전문가를 통합하여 그들이 혼자서는 할 수 없는 복잡한 일을 완수하게 만드는 것이다.

좋은 팀 플레이어가 되기 위해 개인에게 요구되는 자질은 무엇일까? 첫째, 개인은 조직의 사명과 가치를 굳게 믿어야 한다. 여기에 동의하지 않는다면 다른 직장을 찾는 것이 바람직하다. 둘째, 유능한 팀 플레이어는 자신이 맡은 일을 잘 처리한다. 각자 맡은 일을 효과적으로 완수하는 것이 생산적 팀워크의 토대라고 생각하는 사람이 그리 많지 않다. 팀의 성과란 팀원 성과의 합이다. 팀원 한 명이 자신의 일을 효과적으로 완수하지 못하면 그 팀 전체의 성과는 최적화되지 않는다. 쇠사슬의 강도는 가장 약한 부분에 의해 결정된다.

팀원 한 명이 자신의 일에 실패해서 팀의 성과에 심각한 타격을 입히거나 다른 팀원이 그 일을 떠맡는 상황을 겪어본 사람이 많을 것이다. 비생산적인 팀 동료는 지탄의 대상이 되기에, 자신의 일을 잘 수행하는 것은 효과적인 팀플레이에 중요한 가치다.

효과적인 팀 플레이어의 세 번째 자질은 팀 동료를 지원하고 그들의 성공을 응원하는 것이다. 종종 팀 동료에게 야유를 보내는 경우가 있다. 이는 인간의 가장 나쁜 감정인 질투 때문으로, 탁월한 실적을 올린 팀 동료에게 위협을 느끼기도 한다.

"개와 함께 누우면 벼룩이 옮는다"라는 격언이 있다. 됨됨이가 안 좋은 사람과 어울리면 부정적인 영향을 받는다는 것이다. 반대의 경우도 맞다. 좋은 인격을 가진 고성과자들과 보내는 시간이 많으면 자신의 성과도 향상될 확률이 높다. 처음에는 적당한 멘토를 찾아 일의 성과와 인격 함양에 관한 조언을 구하고 이를 실천하는 것이 바람직하다. 멘토링을 통해 최고의 경지에 오르게 되면 자신이 멘토가 되어 다른 사람에게 조언을 할 수 있다. 주어진 일을 깊이 이해하고 수행하지 못하면 효과적으로 멘토링할 수 없다. 멘토십 역할을 갖게 되면 자신의 일과 직책을 더 깊이 이해하려고 노력하게 된다.

원-원 관계 구축에 적용되는 일반적인 원칙들은 거의 대부분 팀워크 향상에 적용할 수 있다. 팀 동료가 팀의 사명 완수에 초점을 맞춰 원-원 관계를 구축하고자 한다면 그 사람을 지원하는 것은 너무나도 당연한 일이다.

팀 플레이어를 위한 네 번째 자질은 자신의 일이 다른 팀원들에게 어떤 영향을 주며, 전체 팀 성과의 최적화에 어떤 기여를 하는지 늘 생각하며 고민하는 것이다. 간단한 예로, 은행 지점에서 일하는 관리사라면 자신이 맡은 임을 잘하는 것뿐 아니라, 자신의 일이 창구에서 일하는 직원이나 고객 서비스 업무를 하는 직원들에게 어떤 영향을 미치는지 알고 있어야 한다. 혹시라도 자신이 쓸데없는 새로운 일을 만들어내고 있는 것은 아닌가? 그들의 목표 달성에 도움을 주는가? 좀 더 거시적인 관점에서 지점을 넘어 본점의 다른 부서들에 어떤 영향을 주는가? 자신의 일이 동료 직원의 시간과 돈을 낭비하게 만드는 것은 아닌가? 등과 같은 질문을 끊임없이 던져야 한다.

자신의 일이 조직에 미치는 영향을 이해하기 위해 시간을 내고 집중하는 것은 많은 이득을 가져다준다. 첫 번째 이득은 자신의 일을 훨씬 의미 있게 만들어주는 것이다. 자신과 다른 팀의 업무 관계를 이해하면 할수록 조직에 더 의미 있는 영향력을 행사하게 된다. 자신의 일을 바퀴에 볼트 하나를 끼워 넣는 것으로 전락시킬 것인지, 아니면 비행기를 날게 하는 일로 만들 것인지는 전적으로 자신에게 달려 있다.

두 번째 이득은 리더십 역량이 향상되는 것이다. 가장 중요한 리더십은 각각의 전문가가 하는 일을 통합하는 것이다. 불행한 사실이지만, 기술 분야 전문가가 관리직으로 승진하면 실패하는 경우가 많다. 구체적인 업무에 집중하는 역량은 뛰어나지만 통합적이고 거시적인 관점으로 보지 못하거나, 과업을 완수하는 과정에서 다른 사람과의 협업과 지원이 제대로 이뤄지지 않기 때문이다.

우수한 팀 플레이어가 되는 것과 합리적으로 개인의 이익을 추구하는 것이 상충될 수도 있다. 하나의 주체는 집단이고 다른 하나는 개인이다. 하지만 지금까지의 문맥을 충분히 이해했다면 그런 충돌은 걱정하지 않아도 된다. 조직을 위해 개인을 희생해서는 안 되지만 인생에는 많은 타협과 절충이 존재한다. 희생의 문제에 직면하면 우선 인생의 우선순위를 검토해야 한다. 그리고 우선순위 간의 균형을 통해 희생의 문제를 극복해나가야 한다.

조직은 구성원에게 희생을 요구해서는 안 된다. 그러나 절충을 할 수는 있다. BB&T에서 있었던 일이다. 직원 한 명을 두 단계 승진시켜 지방으로 보내게 되었다. 지방 근무를 통해 요직으로 갈 수 있는 징검다리라는 관점에서 그 직원에게는 추가 이득이 주어지는 것이었다. 그런데 어느 날 그 직원은 가족 이사로 자신의 "희생"이 필요한 것이라고 말했다. 나는 "만약 진짜 희생이라고 생각한다면 회사의 제안을 받아들이지 말게"라고 했다. 지방 근무를 희생이라고 생각한다면 회사의 또 다른 보상을 기대할 것이고, 잠재의식 속에 불만을 가질 수 있으며, 실적과 행복에 좋은 영향을 주지 않을 것이기 때문이었다. 따라서 희생을 받아들이기보다는 적절한 타협을 통해 생각을 바꾸라고 요구했다.

인생에는 수많은 타협이 존재한다. 타협 중 일부는 매우 어려운 선택일 수도 있다. 쉬운 인생은 없지만, 우선순위를 정하고 우선순위 간의 균형을 명확히 하면 보다 훌륭한 의사결정을 할 수 있다.

이런 개념에 관한 다른 예로 농구 팀을 들 수 있다. 농구 팀의 경기 실력을 최대화할 수 있는 가장 좋은 방법은 모든 선수가 팀의 목표에 적극 동참하게 하는 것이다. 물론 팀의 목표를 위해 선수 개인의 희생이 전제되어서는 안 된다. 팀의 승리라는 목표를 위해 이뤄진 모든 타협과 절충은 선수 개인의 주요 목표에 부합해야 한다. 경기 종료 10초를 남기고 한 골로 승부를 가르는 상황에서 수지는 자신이 슛을 성공시켜 영웅이 되려 한다. 하지만 자기 앞에는 두 명의 수비수가 있어, 슛 성공률이 높고 수비수에게서 자유로운 다른 선수에게 패스했다. 수지는 경기의 영웅이 되기보다는 자신의 상위 목표인 팀 승리를 선택한 것이다.

유능한 코치는 공격과 패스, 수비 등 각각의 특기를 가진 다양한 선수를 팀에 끌어들이고, 팀의 공동 목표를 위해 이들을 어떻게 통합할 것인지 파악하고 있어야 한다. 팀의 승리는 선수 개인과 팀 모두의 궁극적인 목적이며, 선수가 할 수 있는 가장 중요한 기여는 팀의 우승 확률을 높여주는 역할 플레이라는 사실을 뼛속 깊이 심어줘야 한다. 선수 개인이 팀의 우승만을 바란다고 믿는 것은 오해다. 선수는 자신을 위해 팀의 우승을 원할 수 있다. 또한 팀 동료 선수와의 인간관계에 높은 가치를 부여하는 선수도 있다. 따라서 팀이 목표의식을 확실하게 갖도록 하는 것이 리더의 역할이다.

목표의 상하 관계를 명확히 모를 경우, 단순하며 간단한 의사결정을 할 때조차도 자신을 희생한다고 생각할 수 있다. 팀의 목표와 자신의 목표를 제대로 인식하지 않으면 어떤 순간에 의도치 않은 희생을 선택할 가능성이 높으며 결국 행복을 느끼지 못하게 된다.

자신의 목표를 명확하게 인식하지 않은 상태에서 희생이라는 선택을 하는 경우는 일과 가족 간의 균형 문제에서 가장 많이 발생한다. 특히 아이가 생기면 이런 균형이 더 중요해진다. 일과 가족 중에서 어떤 것이 더 중요한가? 갈등이 있을 때 어떤 방식으로 절충하는가?

가족을 하나의 팀이라고 생각해보자. 그러면 한 명의 개인은 회사에 존재하는 팀과 가족이라는 팀 모두에 소속되어 있는 것이다. 일부 겹치는 부분이 있긴 하지만 두 팀 각각의 사명을 완수해나가는 과정에서 수많은 타협이 존재한다.

내가 생각하는 가장 좋은 해결 방법은 회사에서 팀과 개인이 타협과 절충을 통해 해결책을 찾아나가는 것처럼, 가정에서도 가족 구성원과 개인이 서로의 목적과 사명을 충분히 이해하고 타협과 절충에 적당한 수준의 시간과 에너지를 투자하는 것이다. 가정이라는 팀에서도 한 사람의 희생은 행복을 가로막는 방해가 될 뿐이다.

성공한 조직에서 가장 흔하게 나타나는 특성 중 하나는 자발적 참여다. 특정 팀에 소속되도록 강요하기보다는 구성원 스스로가 자발적으로 참여하도록 만드는 것이 성공의 지름길이다. 조직의 관점으로만 해석한다면, 개인은 특정 팀의 참여를 상요하는 듯한 느낌을 가질 수 있다. 이럴 때 개인은 조직을 떠나기도 한다. 하지만 이것은 절충이 아니라 마지막 선택이다. 자발적 참여를 통한 팀 구성이 중요한 이유다.

자발적 참여는 모든 관계의 기본이다. "마을"을 정부의 "규제와 통제"로 만들 수 없고, 동성결혼과 같은 개인의 성적 취향에 따른 자발적 결합을 막는 것도 어렵다. 자발적 참여에 기초한 합의가 조직의 성공을 이끌어낸다. 따라서 진정한 행복은 각 개인의 선택과 책임에서 나온다. 기업이나 개인의 기부 활동도 같은 맥락이다. 자발적 기부를 촉진하는 것이 자유시장의 기본이다. 정부가 강압적인 수단으로 빼앗아 자신의 목적에 맞게 사용하는 것과는 근본적으로 다르다.

회사가 구성원을 압박하여 특정한 팀에 들어가게 하는 경우가 있지만, 이것은 잘못이다. 팀의 사명과 목적이 어떻게 개인에게 장기적이며 합리적인 이익이 되는지를 납득시켜야 한다. 납득하지 않은 개인은 조직을 떠난다. 회사는 떠나는 개인을 강압적으로 붙잡을 독점적 권한을 갖고 있지 않기에 자발적 특성이 더 중요해진다.

지금까지 리더에게 필요한 10개의 핵심 가치에 관해 논의했다. 현실, 이성, 독립적 사고, 생산성, 정직, 도덕성, 공정함, 자부심, 자존감, 그리고 팀워크다. 이런 가치는 서로 충돌하지 않고 통합되어야 빛난다. 하나의 가치를 실행하지 못하면 다른 가치를 실행할 수 없다. 정직하지 않은 사람은 현실 감각이 떨어지고, 합리적이지 못하며 공정할 수도 없다. 불공정하다는 것은 현실과 괴리가 있다는 것이며 팀워크를 가로막는다.

인간이 가져야 할 좋은 특성 대부분은 모두 이 10개의 포괄적 가치 체계 안에 있다. 신뢰라는 긍정적 특성은 정직에서 나오며, 도덕성을 갖춘 사람은 용기라는 특성을 가장 잘 발휘한다는 사실이 이런 전제를 증명한다.

앞서 논의했던 개념을 되새겨보자. 인간은 수많은 정보를 통합하기 위해 개념을 사용한다. 개념을 분명하게 갖고 있으면 명확한 사고를 할 수 있다. 10개의 핵심 가치를 포괄적으로 이해한다면 행복한 삶을 추구하는 데 필요한 기초적인 윤리 원칙을 세울 수 있다. 이것은 곧 많은 의사결정을 올바르게 할 수 있도록 돕는다.

10개의 핵심 가치가 아무리 효과적인 도구라 하더라도 그 가치를 실천하는 것은 쉽지 않다. 그저 멋있어 보이는 상투적인 말로 받아들여서는 안 된다. 공정함을 유지하기 위해 저성과자를 해고해야만 한다고 생각해보자. 핵심 가치를 현실에 맞게 적용하는 것이 피곤하고 즐겁지 않은 것임이 분명하다. 그러나 10개의 핵심 가치를 유지하고 실천하는 것이 개인과 조직의 장기적인 성공과 행복을 증진시킨다는 믿음을 버려서는 안 된다.

이 책의 기본 주제는 개인에게 필요한 가치가 조직과 사회 전체의 관점에서도 유효하다는 것이다. 나머지 후반부에서는 10개의 핵심 가치가 사회와 국가의 성공을 위한 원칙과 어떻게 연결되고 통합되는지에 관해 논의한다.

# 제 2 부

## 개인, 조직, 사회를
## 탁월한 방향으로 이끌어가기

# CHAPTER 13

## 감정의 역할

합리성을 강조하다 보면 감정을 중요하지 않은 것으로 생각하기 쉽다. 합리성과 감정이 충돌한다고 보기 때문이다. 그러나 실제로 이둘 사이에는 근본적으로 갈등이 없다.

성공한 리더가 되기 위해서는 열정과 활력이 있어야 한다. 리더가 열정도 활력도 없다면 누가 따르겠는가? 적절하게 균형 잡힌 감정은 강렬함과 집중력을 키워주며 뛰어난 지략을 만들어준다. 도덕적 가치에 대한 리더의 확고한 신념은 다른 사람들에게도 쉽게 전염되며 활력을 제공하기도 한다. 다른 사람과의 삶에 부합하는 가치 체계를 갖고, 이러한 원칙에 맞게 도덕적 행동을 하는 것이 중요하기 때문이다.

감정이 이렇게 중요한데도 사람들은 그 본질과 고유의 역할을 잘

못 이해하는 경우가 많다. 감정이 일상적인 행동을 뒷받침한다는 몇 가지 상식적인 관찰 결과가 있다. 여러 가지 면에서 감정은 원초적 가치와 유사하다. 감정은 자동화된 잠재의식의 반응으로 주로 유아기에 형성된다. 살아가면서 감정이 진화하기는 하지만, 가장 영향력 있는 감정은 유아기 때 자신을 돌봐준 사람들과의 관계를 통해 형성되는 것이 일반적이다. 그러나 살아가면서 경험한 다양한 사건도 감정 형성에 큰 영향을 준다.

네글 들이 지 신시 좋아했던 사람과 비슷한 사람을 커서 만나게 되었을 때, 대부분 그 사람을 좋아하게 된다. 마찬가지로 처음에 좋아하지 않았던 일을 나중에 다시 하게 되더라도 그 일을 좋아하기는 쉽지 않다.

제4장에서 개념 정립에 관해 얘기했던 것을 기억해보자. 우리는 '좋아함', '싫어함', '아마도'와 같은 감정 개념을 효과적으로 발전시켜왔다. 이런 감정 개념은 우리의 잠재의식에 자리 잡고 있으며, 대개의 경우 어떤 사람과 사건에 대한 이성적 분석과 상관없이 자동적으로 반응하게 만든다.

인간에게 나타나는 감정적 성향의 일부는 천성일 수 있다. 하지만 감정적 성향은 유전적 특성을 기반으로 삶의 경험을 통해 배우는 감정의 경향이다. 인간은 이런 경향의 범위 내에서 감정을 배운다. 모든 사람이 서로 다른 감정 형태를 갖고 있다는 사실이 이를 증명한다. 만일 감정이 유전적으로 고정된 것이라면 생존과 종족 보전 능력을 향상시키고자 하는 특정 감정이 발달하면서 모두들 같은 감정을 가질 것이다.

자녀가 여럿인 사람은 아이들의 타고난 감정 특성 때문에 유아기 아이들이 감정적 행동들을 다르게 해석하는 경향을 관찰할 수 있다. 그러나 아이들의 감정은 시간에 따라 진화한다는 것을 알 수 있고, 이는 감정의 어떤 중요한 측면이 학습을 통해 습득된다는 사실을 잘 보여주고 있다.

전형적인 범죄자와 같은 감정 특성을 갖고 싶어 하는 사람은 없다. 다양한 감정이 우리의 삶에 도움이 되는 것은 분명하지만, 완벽하게 신뢰할 만한 감정을 갖고 있는 사람도 드물다. 이 말은 사람의 감정이 자신의 삶과 행복을 추구하기 위해 자동적으로 발전한다는 의미다. 사람의 감정이 유년기에 자신을 돌봐주는 사람들에게서 큰 영향을 받는다는 사실을 생각해보면, 성공에 있어서 잠재의식 속의 감정 프로그램이 그 사람에게 큰 영향을 주는 것은 분명하다. 다만 이러한 영향은 행복보다는 성공이라는 관점에서 더 많이 작용한다. 세상에는 성공을 하고도 특별히 행복을 느끼지 못하는 사람들이 많다.

감정에 관한 몇 가지 중요한 관찰 결과가 있다. 첫째, 대체로(아마도 유전적 감정 기질이라는 범위 내에서 볼 때) 우리는 감성을 학습을 통해 알게 된다. 감정을 배웠기 때문에 감정을 바꿀 수도 있다. 물론 쉽지는 않다. 우리 자신을 어릴 때부터 감정을 포함하여 다양한 잠재의식을 프로그래밍하는 컴퓨터 프로그래머라고 가정해보자. 이 프로그램들이 대부분의 감정 반사 작용을 조종한다. 감정을 바꾼다는 것은 이 프로그램을 바꾸는 것이다. 물론 프로그램을 바꾸는 것은 자신과 다른 사람들 그리고 세상에 대해 이미 내렸던 수많은 결론을 위협한다. 그래서 고통스러운 것이다. 또한 잠재의식 감정 프로그램은 자신이 살아가는 삶의 근본 전제가 되는 경우가 많다. 성인이 되어 이런 전제들을 객관적으로 검증하는 것은 두려운 일이다. 그러나 전제에 문제가 있다면 잘못된 결론에 도달할 수밖에 없다. 잘못된 감정에 근거한 결론은 삶 전체에 큰 영향을 끼친다. 많은 사람에게 행복 추구의 토대가 되는 가장 중요한 요소는 감정적 전제 요인들을 이성으로 검증하고자 하는 용기를 갖는 것이다.

잠재의식 감정 프로그램을 바꾸기 위해서는 자기 성찰과 용기가 필요하다. 전문적인 도움 없이 이러한 목표를 이루는 사람도 있을 수 있지만 그리 쉬운 일은 아니다. 프로그램을 변경하고자 한다면 최소한 변화의 길에 들어설 때만큼은 외부의 도움을 활용하는 것이 좋다.

BB&T는 심리 컨설팅 회사인 파어소시에이츠Farr Associates를 인수하여 핵심 관리자 전원을 파Farr 프로그램에 참여하게 했다. 그 결과 관리자들의 실적이 크게 향상되었고 업무 만족도와 행복감도 높아졌다. 재미있는 사실은 파 프로그램이 BB&T 지점 매니저 중 한 사람의 추천으로 시작되었는데, 나중에 이 직원이 은행 돈을 횡령했다고 고백한 것이다. 직원이 횡령의 잘못을 고백하기 위해 전문적인 도움을 요청한 것일까? 아니면 심리 훈련 프로그램의 효과로 고백한 것일까? 뭐가 됐든 상관없지만, 한 가지 분명한 것은 횡령을 고백한 이후 직원이 더 행복해졌다는 것이다.

파 프로그램은 자아의식을 중시한다. 이것의 목적은 이미 설치된 컴퓨터 프로그램처럼 잠재의식 깊숙이 자리 잡고 삶의 방향에 영향을 주는 다양한 감정을 스스로 이해하도록 돕는 것이다. 파 프로그램은 행동을 통해 어떻게 자신의 감정을 발전시키고, 다른 사람에게 어떻게 영향을 주는지를 지적 모델로 보여주고 있다. 수많은 심리 테스트와 360도 피드백 방식도 사용되었으며, 자아의식 훈련이 프로그램의 핵심 목적이다. 훈련은 곧 "환상 이끌어내기"로 설명되며, 이것은 일종의 자발적인 자기최면이다. 실제로 살아가면서 느끼는 중요한 감정적 경험은 모두 잠재의식 속에 묻혀 있으며, 이것들은 잠재의식 프로그램 작성에 사용된다.

경험을 의식 세계로 가져와 성인으로서 자신이 내린 결론을 시험해볼 수 있으며, 많은 경우 자신이 내린 결론이 성인의 시각으로 봤을 때 비이성적이었다는 사실을 발견하기도 한다. 감정적 전제는 여전히 우리의 인생을 이끌고 있으며 매우 강력한 다른 전제들과 연결되어 있어 이미 내제된 잠재의식 감정 프로그램을 바꾸는 것은 쉽지 않다. 하지만 바꾼다면 상당히 가치 있는 일이다.

컴퓨터에 비유해서 얘기하자면, 하드웨어에 기본적으로 내장되어 다른 모든 프로그램에 영향을 주기 때문에 바꾸기도 힘들고 바꾸는 데 오랜 시간이 걸리는 것이다. 그러나 이 기본 프로그램을 바꾸지 않으면 도달할 수 있는 최고의 성공과 누릴 수 있는 최대의 행복은 멀어지게 된다.

이와 관련된 구체적 경험을 하나 얘기하려고 한다. 내 경우에 파 프로그램 과정에서 나 자신이 "사랑스럽지 않다"라는 내면화된 잠 재 프로그램을 갖고 있다는 사실을 알았다. 그리고 "사랑스럽지 않 은" 것은 "내가 부족하다"라고 생각했기 때문이었다. 이런 자발적 자기처면을 통해 어머니와 있었던 과거 일들을 회상할 수 있었는 데, 그때 나는 한 과목만 B를 받고 모두 A를 받은 뛰어난 학생이었지 만, 어머니는 단지 B학점을 맞은 과목에만 초점을 맞추었다. 옷을 골 라 입고 머리를 빗을 때면 어머니는 항상 "넌 그 점만 빼면… 멋있 단다"라고 말했다. 처음에는 이런 경험에 대한 부정적인 감정을 어 머니 탓으로 돌렸다. 그러나 돌이켜 생각해보면 자식을 잘 키우고자 했던 어머니의 말씀은 어른의 관점에서 보면 적절한 것이었다. 또한 외할머니는 어머니가 나에게 했던 것보다 훨씬 더 많은 잔소리를 했 을 것이다. 결국 이제 와서 생각해보니 어머니를 바꿀 수는 없었던 것이고, 그것은 어머니 문제가 아니라 내 문제였음이 분명해졌다.

역설적으로 "잘해서" "사랑받고자 하는" 욕구는 매우 강한 보상 동기가 되고, 사랑받기까지 이르는 데 적지 않은 도움을 준다. 그러 나 나는 이 잠재 감정의 전제 때문에 행복을 느끼지 못했다. 이 잠재 의식에 대한 믿음은 어떤 일이 잘못되었을 때 심하게 화를 내거나 다른 사람에게 화풀이를 하게 만들었다. 아마 파 프로그램에 참여하지 않았다면 늙어 죽을 때까지 이런 잠재적 감정 프로그램을 완전히 뜯어고치지는 못했을 것이다. 이제는 그것이 가져오는 파괴적 영향을 현저히 줄였으며, 강력한 동기 부여를 계속 유지할 수 있게 되었다.

이 프로그램의 목표는 잠재된 기저 감정을 다시 프로그래밍하여, 객관적으로 행복하거나 불행한 순간에 행복과 불행을 자연스럽게 느끼게 만드는 것이다. 일반적으로 심리적 도움을 구하는 사람들은 인생에서 불행을 없애려고 하는 데에 목적을 둔다. 그러나 자연재해를 당했을 때와 같이 당연히 불행해야 할 시간들이 있다. 중요한 것은 객관적으로 당연히 행복해야 할 때 불행하다고 느끼는 것처럼, 성공한 사람들이 갖게 되는 일반적 "저주"를 피하는 것이다. 성공하기 위해서는 이러한 비논리적 불행이 필수라고 믿는 사람들에게는 저주가 자기암시로 작용한다. 내 사례에서도 알 수 있듯이 그것은 틀렸다. 진정한 행복은 성공보다 큰 가치다. 성공 때문에 행복을 희생해서는 안 된다. 물론 적절하게 갖추어진 가치관을 갖고 비이성적인 감정 반응을 보이지 않는다면 진정한 성공과 진정한 행복은 배가 될 것이다.

가장 중요한 개념은 감정을 지혜로운 수단으로 이해하지 않는 것이다. 감정에는 신비스럽거나 마법과 같은 것이 없다. 어떤 의미에서 감정은 주로 어릴 때 형성된 원초적 가치들이다. 유전적 영향을 받기도 하는 감정은 어디에서나 뛰어난 생존 본능을 보여준다. 원초적 감정의 뿌리는 삶에 도움이 되기보다는 파괴적일 가능성도 있다. 이성적 사고가 도출한 결론에 맞게 행동할 수 있도록 자연스럽게 감정을 훈련하는 것이 최종 목표다.

이성과 감정 사이에서 갈등이 생기면 항상 이성을 선택하라. 감정이란 어린 시절 주로 개발되고 형성된 합리적 사고에 불과하다고 생각하라. 일반적으로 감정과 이성은 서로를 강화해준다. 감정이 이성의 권고와는 다르게 행동하라고 애기하면 위험 신호가 켜지는 것이다. 주의 깊게 이성을 돌아보라. 그럼에도 이성적 해법이 옳다고 판단되면 감정적 불편함을 감수하고라도 이성적 판단에 맞추어 행동해야 한다. 나는 대학 시절 이성과 감정이 충돌할 때 대부분 감정에 따라 결정했다. 40년이 지난 지금 나는 그 결정들을 되돌리고 싶다. 감정은 현명한 수단이 아니다.

사업과 인생에서 회피와 감정적 결정의 결합은 가장 파괴적이다. 이런 결정을 내린 리더는 대부분 자신의 결정에 대한 반박 증거를 회피하고, 원초적 잠재 감정에 근거하여 내린 결정을 합리화한다. 실패한 대형 금융기관의 CEO들은 교육을 많이 받았고 매우 똑똑한 사람들이었으며, 수년 동안 리더 역할을 성공적으로 수행해왔다. 그럼에도 이들은 이성적인 의사결정을 하지 않았다. 대부분 "우리 은행은 다른 은행보다 커야 해"라든가 "경쟁 은행이 하고 있는 것을 하지 않으면 고객은 우리 은행을 떠날 거야"와 같은 원초적 감정에 휘

둘려 잠재의식적으로 내린 결정이었다. 그리고 그들의 결정이 틀렸다는 사실이 드러나자 CEO들은 또다시 회피했다.

2007년에서 2009년에 걸쳐 금융위기를 초래한 비우량주택담보대출(서브프라임 모기지론) 사태는 하원의원 바니 프랭크Barney Frank와 상원의원 크리스 도드Cris Dodd 두 사람이 주범이었다. 두 사람은 비우량주택담보대출을 완전히 비이성적으로 지원했으며, 이것이 가져올 여파를 오랫동안 회피했다. 이들은 비우량주택담보대출이 경제적 실패로 귀결될 것이라는 증거가 명백해진 이후까지도 이 정책이 효과가 있기를 "원했다".

여기에 어려운 과제가 있다. 잠재의식적 감정에 의해 결정하는 감정주의는 상당히 파괴적이기도 하지만, 영향력 있는 리더가 되기 위해서는 다양한 감정을 표현하고 소통할 줄 알아야 한다. 감정은 우리의 일부이기 때문이다. 단, 현실에서의 성공과 행복에 부합하는 이성적 가치 체계에 따라 수행하는 명확한 목적과 자신의 감정을 일치시키는 것이 숙제다. 이성적 목적과 감정이 일치되었을 때 강한 도덕적 신념이 생기고, 이것은 일에서 열정과 활력으로 나타난다. 대부분의 사람은 이 과정을 겪고 싶어 하지 않는다. 그래서 이 과정을 수행하는 사람은 모두 훌륭한 리더가 될 수 있다. BB&T의 성공에 바탕이 되는 가장 중요한 전략 하나는 리더들이 자각할 수 있도록 격려했고 이에 필요한 교육 환경을 만들었던 것이다.

감정의 역할은 개인과 조직뿐 아니라 사회에도 중요하다. 리더가 내린 파괴적 결정의 사례는 쉽게 눈에 띈다. 히틀러가 부하 장군들의 의견을 무시하고 감정적으로 판단하는 바람에 전쟁에서 패배한 이야기는 수없이 많다. 미국 남북전쟁 초기에 북부와 남부의 상대적인 전력을 보면 섬터 요새Tt. Sumter를 포격한 것은 가장 비이성적인 결정이었다. 일본 군국주의 리더십의 오만에 의해 자행된 진주만 습격도 자살행위와 같았다.

감정주의는 국가적 경제난을 초래하기도 한다. 현재 베네수엘라와 아르헨티나에서 나타나고 있는 포퓰리즘은 커다란 경제 문제를 야기하고 있다. 또한 정치 선거에서는 후보의 정책보다는 감정적 반응에 민감하게 대응하는 경우가 많다.

사회는 많은 구성원이 갖고 있는 잠재의식적 감정 가치 체계를 반영한다. 사회도 "인생관"을 갖는 것이다. 미국 사회는 처음부터 아주 독특하고 설득력 있는 인생관을 갖고 있었다. 그것은 개인의 권리와 책임이 최고의 가치이며, 개인이 탁월한 성과를 이룰 수 있는 기회를 제공한다는 낙관적 세계관이었다. 미국은 자유롭고 용기 있는 사람들의 땅이다. 이런 특별한 인생관이 그동안 많은 정치인과 정부의 교육 제도로부터 공격받아왔다. 이들은 집단의 이익이라는 인생관을 제시하고 있다. 하지만 이것은 왕이나 독재자, 파시스트, 공산주의자, 그리고 다른 모든 유형의 국가주의자가 갖고 있는 전형적인 감정적 기반에 불과하다. 공공의 이익이라는 명분을 내세워 일부 집단의 권력을 확보하려는 생각은 이미 낡은 개념이다. 이처럼 낡고 파괴적인 인생관이 사회 표준이 되도록 내버려 두어서는 안 된다.

기여도에 상관없이 모든 사람에게 성과를 똑같이 나눠주는 조직이 성공할 수 있는가?

구성원의 감정에 의존하는 조직에서 최고의 리더가 나올 수 있겠는가?

감정은 중요하다. 감정이 이성적으로 발달될 때, 긍정적인 결과를 만들어내는 강력한 수단이 된다. 그러나 회피와 결합된 비이성적 감정주의는 개인과 조직, 사회를 파괴할 뿐이다.

# CHAPTER 14

## 전략

전략에 관한 책은 수없이 많이 나와 있다. 이 장에서는 전략을 광범위하게 다루기보다는 BB&T가 사용했던 구체적인 사례를 이용하여 전략을 비전, 목표, 그리고 가치 체계와 어떻게 통합할 것인지에 관해 이야기하고, 성공하는 리더에게 필요한 개인과 조직 차원의 전략을 연결하여 논의할 것이다. 논의 요점은 모든 기업, 특히 지식 중심 기업과 밀접한 관련이 있다.

BB&T는 인간의 사고 능력이 세상에 존재하는 유일한 천연자원이라는 전제로부터 전략을 수립했다. 이는 거의 모든 조직에도 적용되며, 경쟁우위는 구성원의 사고 능력에 달려 있다는 결론에 이를 수 있다. 또한 경쟁우위는 구성원이 알고 있는 것을 실제 세계에 활용하는 능력까지 포함한다.

BB&T는 사내 대학을 설립하여 이 목표를 달성하고자 했다. 사내 대학은 핵심 업무를 숙달할 수 있도록 훈련시키는 체계적인 프로그램을 갖고 있었다. 승진 대상자는 충분한 직무 경험을 갖춰야 하며, 소정의 교육 과정을 수료해야 했다.

출납 담당 직원으로 은행에 들어와 특별한 자격을 갖추면 은행의 CEO가 될 수 있는 시스템을 갖춘 셈이다. 실제로 수년간 많은 출납 직원들이 승진하여 소매금융 담당 또는 지점장이 되곤 했다. 매니저급에 속한 직원들에 대해서도 일련의 리더십 향상 프로그램을 운영했다. 흥미로운 사실 하나는 많은 조직이 리더십 훈련 시스템조차 갖추지 않고 기술 직무에서 경영 관리 직무로 승진시킨다는 것이다. 규모가 작은 중소기업의 경우 어쩔 수 없다 하더라도, 대기업들조차 관리자 교육이라는 기본에 대한 투자에 인색해서는 안 된다.

직원 교육에서 관심을 기울여야 할 이유가 몇 가지 있다. BB&T의 CEO로서 내가 가장 중요하게 생각한 목표 하나는 회사 사명과 가치를 구성원과 소통하고 이를 강화해나가는 것이었다. BB&T는 분기별로 영상 자료를 만들어 직원들에게 배포했다. 영상 자료는 회사의 사명과 가치에 중점을 두면서 운영에 관한 일반적인 내용을 포함하고 있었다. 나는 직원들 앞에서 사명과 가치에 관한 발표를 수없이 많이 했다. 매년 두 시간씩 전 직원을 대상으로 회사의 전략과 계획, 그리고 사명과 가치를 발표했던 것이다.

또한 BB&T는 리더십 프로그램 참가자들로 하여금 경제학과 자유

사회, 그리고 자유시장 원리에 관한 다양한 책을 읽게 하는 것으로 꾸준히 경제 교육을 해왔다. 교육의 목표는 적절한 기술을 가르치는 한편, 학습 경험을 조직의 비전과 사명 그리고 가치와 연결시키는 것이었다. 모든 훈련 과정은 통합적으로 연결되도록 설계된다.

훈련이 잘된 직원이 있음에도 충분한 권한을 갖고 있지 않아 회사에 기여하지 못한다면 이보다 더 어리석은 일은 없을 것이다. BB&T는 이를 극복하기 위해 가능한 한 고객과 가까운 곳에서 의사결정이 이루어질 수 있도록 조직을 분권화했다. 효과적인 분권화가 제대로 작동하려면 주어진 상황에 적합한 의사결정을 할 수 있도록 훈련된 조직 구성원이 배치되어 있어야 한다.

적절한 훈련이 수반되지 않은 분권화는 항상 실패했다. 이는 부실한 의사결정을 초래함으로써 결과적으로 보다 중앙집권적 관료주의로 회귀하는 역효과를 내기도 한다.

당연히 권한과 지식 사이에 균형이 중요하다. 창구 직원에게 복합 자산 관리 업무 수행에 필요한 지식을 기대하는 것은 무리다. 각자가 가지고 있는 지식의 한계를 알도록 하는 것도 훈련의 일부다. 구체적인 내용은 일의 성격에 따라 다양하다. 그러나 일반 법칙은 의사결정을 하는 사람이 고객으로부터 멀리 있을수록 이용 가능한 정보는 적어지고 고객의 다양한 요구를 고려하지 못한다는 것이다.

이런 맥락에서 BB&T는 다수의 지역단위은행을 만들어 유능한 리더들에게 맡겼다. 각 지역단위은행은 시장 상황에 유연하게 대응할 수 있도록 높은 수준의 의사결정권을 갖고 있었다. 이러한 조직 구조는 각 지역의 시장 수요와 정보가 서로 다르다는 사실을 반영한 것이다. 분권화에 따른 경비 증가를 억제하기 위해 기술과 업무 지원 조직은 중앙에서 제공하였다. 이것은 미국 헌법이 구상했던 개별 주정부와 연방정부의 역할 분담과 유사하다.

지역단위은행의 실적은 각자의 목표, 은행 전체의 평가 기준, 그리고 경쟁 은행과 비교하여 객관적으로 평가되었다. 지역단위은행은 높은 수준의 권한과 그에 상응하는 책임을 갖고 있었다. 이렇게 분권화된 의사결정 구조에 힘입어 BB&T는 한 분기의 적자도 없이 금융위기를 무사히 헤쳐나갈 수 있었다. 의사결정의 분권화로 똑같은 실수가 발생하는 경우는 없었다. 중앙집권적 위기 관리 체제를 가진 은행들은 조직 전체로 같은 실수를 범하기도 한다.

역설적으로 연방준비은행의 감독자는 이러한 분권화의 장점에도 불구하고 분권화된 의사결정 구조를 조직적으로 반대해왔다. 분권 구조는 감독 당국이 통제하기가 더 어렵기 때문에 정부는 통제를 목표로 삼고 있는 것이다. 또한 정부는 민감도 테스트 모델을 통해 위험 관리의 표준화를 강요한다. 이러한 과정에서 모든 은행이 정부가 말하는 "사회적으로 옳은" 위험을 똑같이 감수하도록 권고하기 때문에 금융 시스템의 위험은 실질적으로 증가하게 된 것이다.

사회적 관점에서도 마찬가지다. 개인과 조직의 성공에 지식이 필수 요소라면, 건강한 사회를 위해서도 지식이 필요한 것은 당연하다. 미국은 오랫동안 교육에 기반한 기회를 지지해왔다. 앞에서 얘기한 것처럼 정부는 교육에 대한 실질적 투자를 크게 늘렸지만 아직까지도 그 성과는 크지 않다. 교육은 시장 참여자들이 배부하는 자원으로 운영되어야 한다. 이는 규정에 얽매이지 않고 영리를 추구하는 사립 교육을 장려해야 한다는 말이다. 그리고 이것이 위에서 설명한 일반적인 조직 원리에 부합한다.

분권화 논리는 미국 건국자들이 갖고 있던 사상과 같다. 주정부나 지방정부가 행정적 격정을 하고 중앙정부는 "제한된" 권력을 행사해야 한다. 분권화된 사립학교 교육이 건국 아버지들의 사상과 맥을 같이한다.

성공적인 경영 방식에 관한 사례는 다양하다. 그러나 경영 방식은 곧 조직의 비전, 목표, 그리고 가치와 일치해야 한다.

BB&T의 경영 방식은 자연히 회사의 원칙에서 비롯되었다. BB&T의 기본 경영 원리는 아래의 다섯 가지로 요약된다.


- 참여 경영
- 팀 중심 경영
- 사실 기반 경영
- 이성적 경영
- 객관적 경영

참여 경영이 실패하는 가장 큰 이유는 대부분 인기 콘테스트처럼 변한다는 점이다. 참여 경영의 목적은 정보의 흐름을 개선하고, 의사결정 과정에 올바른 사고를 반영하며, 결정된 사항에 대해서는 실행에 집중하도록 만드는 것이다. 참여적 의사결정을 위해서는 훈련된 구성원이 있어야 한다. 사실에 근거한 결정, 이성적이고 객관적 결정을 요구하는 방식으로 구성원을 훈련해야 한다. 구성원의 자아가 어떻고 친구가 얼마나 많은가는 중요하지 않다. 문제는 의사결정이 사실에 입각하고 있는지, 이성적이고 객관적인지, 그리고 모든 정보를 고려한 최적의 상태에서 이뤄졌는지를 확인하는 것이다. 이러한 사고는 사내 정치를 최소화한다. 사내 정치는 조직의 정상적 기능을 마비시킨다.

"팀 지향적" 경영 방식도 중요하다. 많은 사람이 팀워크를 함께 일하고자 하는 노력이라고 단순하게 생각한다. 팀워크에 대한 생각이 의식적으로 중요한 가치로 표현되어야 하지만, 그것만으로는 충분하지 않다. 과학적 요소를 갖고 체계적으로 문제에 접근하여 효과적인 팀을 만들어야 한다. (많은 상황에서 다른 개념으로 이해되기는 하지만, 여기서는 팀과 위원회를 동의어로 사용하고자 한다.) 첫 번째 단계는 팀의 목표와 목적을 명확하게 정의하는 것이다. 재미있는 것은 팀 멤버들이 목표 자체를 제대로 모르거나, 멤버 간에 다양한 심지어는 충돌하는 목표를 가진 채 팀이 만들어진다는 것이다. 목적이 명확하면 성과는 향상되기 마련이다.

두 번째 요소는 팀의 구성원을 정하는 것이다. 물론 팀 차원의 의사결정 내용을 전체적으로 이해하기 위해 멤버들 간에 적절한 자질이 필요하다. 그러나 다양한 사고방식과 심리적 성향이 팀 내에서 중요한 역할을 한다. 일반적인 경우 팀 구성원 모두가 똑같이 생각하길 원하지는 않는다. 이렇게 팀이 구성되면 그 팀에는 하나 혹은 그 이상의 사각지대가 생긴다. 결국 그 팀은 다른 관점을 가진 팀 구성원들에게는 너무도 뻔하게 보이는 중요한 문제를 간과하게 될 것이나. 모든 팀 구성인이 동일한 심리적 전제를 가지고 있다면, 즉 그들의 생각이 똑같다면 대부분 "집단동조 사고"가 팽배해지면서 팀워크가 갖는 이점을 대부분 잃게 된다.

세 번째는 팀의 규모다. 열 명 이상의 팀은 제대로 기능하지 못할 가능성이 크다. 물론 팀 규모가 클수록 유용한 일도 많다. 팀을 통한 일의 핵심은 의사결정이라기 보다는 다양한 정보의 공유다. 이런 이유로 회사 이사회는 다른 종류의 "위원회"보다 규모가 클 수도 있다. 그렇지만 이사회는 외부의 다양한 관점으로 성과를 평가하고 의사결정의 수는 제한한다. 그렇다고 그 의사결정이 중요치 않은 것은 아니다.

네 번째는 팀의 리더십이다. 이것은 우리가 토론해온 일반적 리더십의 일부다. 팀이 직면하는 전형적인 난제 하나는 일부 참여자가 얘기를 독점하지 못하게 하고 다른 멤버가 활발하게 의견을 내도록 격려하는 것이다.

불행한 일이지만, 내놓을 것이 별로 없는 팀 멤버가 얘기를 가장 많이 하고, 가치 있는 통찰력을 가진 구성원은 수차례 부추겨야만 발언을 하는 경우가 많다. 가장 파괴적인 팀 멤버는 "논쟁을 위한" 논쟁을 즐기는 사람이다. 그들은 합리적 결정에 도달하는 데 초점을 두지 않고 자신이 옳다는 것을 "증명하는" 데 초점을 둔다. 이런 유형의 구성원은 반드시 충고를 통해 행동을 바꾸게 만들어야 한다. 만일 바뀌지 않는다면 팀에서 방출하는 것이 최선이다.

어떤 팀이 운영에 관해 지속적으로 중요한 의사결정을 해야 하는 상설 조직이라면, 구성원들을 더 좋은 팀 플레이어로 만들고 팀을 하나로 만드는 데 집중해야 한다. 이를 위해서는 외부 학습 경험을 제공하며 체계적인 훈련을 시키는 것이 필요하다.

내가 CEO 겸 회장으로 선임된 후, BB&T가 추진한 최고경영자 팀 구축 과정을 구체적으로 밝히면 다음과 같다. 첫째, 팀 구성원은 모두 조직의 비전, 목적, 가치 구현에 헌신적이었다. 모두 성공한 경험이 있고, 대부분이 조직 전체에 걸쳐 다양한 직책을 거쳤다. 거의 대부분이 고객 상대 영업을 경험했다. 그들은 어떻게 사업이 운영되고 수익이 생기는지 그 과정을 정확하게 이해했다. 조직이 성장하면서 합병으로 직원들이 늘었지만, 핵심 팀은 BB&T 경영자 육성 프로그램을 거친 다섯 명으로 구성되었다. 그중 한 명만이 외부에서 채용한 사람이었다. 핵심 팀은 상당히 똑똑하고 논리적 추론력이 뛰어났다. 모두 평범한 중산층 가정 출신이었으며, 세 명은 지방대학 상위

5% 이내 성적으로 졸업했다. 한 명은 농장에서 자랐고, 핵심 멤버는 모두 MBA 학위를 소지했지만 다른 멤버 중에는 석사나 박사 학위가 없는 사람도 있었다.

문화적 배경에는 분명한 동질성이 있었다. 동질성 관점에서 본다면 이성적 의사결정에 대한 강한 의지를 제외하고는 전체적으로 부정적일 수 있었다. 하지만 문화적 동질성을 가진 팀의 구성원 각각은 서로 다른 심리적 전제와 사고 패턴을 가지고 있었다. 다섯 명의 핵심 멤버 중 두 명은 성장 지향적이고 위험을 기꺼이 감수하는 성향이었다. 다른 두 명은 훨씬 보수적이었고, 마지막 한 명은 성장과 위험 범위 중간에 있었다. 멤버 중 두 명은 중요한 세부 사항을 놓치지만 큰 그림을 그리는 사람이었고, 다른 두 명은 거시적 결론에 도달하기 위해 미시적 내용을 모아서 "패턴을 파악하는 데" 선수였다. 어떤 사람들은 결론을 빠르게 내리고 어떤 사람들은 매우 철저한 분석을 했다.

다섯 멤버는 모두 통제 욕구, 성취 욕구, 자기표현 욕구 등 임원에게 요구되는 수준의 심리적 성향을 가졌지만 멤버 간 편차는 매우 컸다. 팀은 공통의 문화적 배경과 가치를 가진 똑똑하고 성실한 개인의 집합이라는 모습을 보였지만, 다양한 심리적 성향과 사고 패턴을 갖고 사실에 기반하여 논리적 의사결정을 하는 데 집중했다.

이들 멤버는 모두 앞 장에서 설명한 파Farr 프로그램에 참여하여 가장 큰 두려움과 약점에 대해 스스로 얘기하는 팀 빌딩 세션을 진행했다. 자신이 숨겨온 비밀을 이야기하고 완전한 공감과 격한 비판 등 다양한 반응을 경험하기도 했다.

팀 빌딩을 위해 밧줄 타기 코스나 래프팅 등 외부 활동 프로그램에도 참여했다. 실제로 영화 "서바이벌 게임Deliverance"의 촬영지였던 차투가Chatooga 강에서의 래프팅은 좋은 경험이었다. 뗏목을 몰고 참수바위Decapitation Rock로 향하며 아찔했던 적도 있었고, 뗏목 밖으로 몸이 튕겨나가 차가운 강물에 빠져 정신이 번쩍 들기도 했다. 이런 경험 모두가 팀 멤버 간의 유대감 형성에 큰 도움을 주었다.

팀 빌딩에는 많은 과정이 필요함을 이해해야 한다. 팀워크는 지적으로 주의 깊게 접근해야 한다. BB&T에서 같은 핵심 가치를 공유했던 최고경영자 팀은 잘 운영되었다. 게다가 팀 멤버는 다양한 강점과 약점을 갖고 있었으며 이것을 서로가 잘 알아서, 개별적으로 결

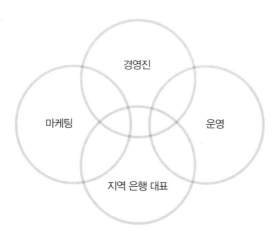

표 14-1 참여적 조직 구조

정하는 것보다 함께 일하며 보다 나은 결정을 가능하게 만들었다. 그룹, 팀, 위원회는 사고하지 않는다. 오로지 개인만이 사고한다. 그러나 제대로 된 팀은 멤버들의 효과적인 사고를 돕는다. 불행히도 그 반대의 상황도 성립한다. 의사결정 과정에서 가장 똑똑한 사람들이 배제되면 팀의 역량은 최소공통분모 수준으로 낮아질 것이다. 집단동조적 사고는 최악의 결과를 만든다.

집단동조적 사고와 싸우는 한 가지 방법은 의사결정을 분권화하고 이를 다시 통합하는 것이다. 이를 위해 BB&T는 겹치는 원득무 그룹을 이루는(그림 14.1에서 보듯이) 개념적 조직을 만들었다. 이러한 조직은 원활한 정보 흐름을 가능케 하고 결과에 대해 더욱 통합적 책임감을 느끼게 만들었다.

조직에서 명확하게 나타나는 경향 하나는 권한이 본사로 집중되는 것이다. 이런 경향을 막기 위해 BB&T는 고객에게 영향을 주는 운영 또는 마케팅상의 모든 결정 권한을 지역단위은행장 위원회에 부여했다. 본사 지원 부서 직원들은 위원회의 결정 과정을 거치는 것에 끊임없이 불평했지만, 위원회를 거치면서 조직의 분권화가 유지될 수 있었다. 기본 원칙은 고객과 관련한 업무 프로세스나 마케팅 정책을 변경하기 위해서는 지역단위은행장들로부터 적어도 75% 이상의 지지를 얻어야 했다. 일단 결정되면 정책에 반대했던 사람들이라도 합의된 전략 실행에 열정적으로 임해야 했다. 다시 말해, 참여자들이 다른 의견을 피력해서 의사결정에 영향을 미치는 노력을 할 수는 있지만, 일단 결정되면 그 팀과 함께 해야만 하는 것이다.

전략 계획 수립은 BB&T 참여 경영의 중요한 요소였다. 회사는 하향식과 상향식 계획 과정을 모두 거쳤다. 최고경영팀은 일 년에 두 번(3일, 그리고 1주일) 회사 밖에서 전략 워크숍을 실시했다. 우리는 상향식 계획 수립의 배경이 되는 큰 그림을 그렸다. 때론 큰 그림이 현실적 상황에 부딪히게 되면 토론과 절충이 이루어졌다. 회사의 모든 부서와 지점은 각각의 전략 계획을 수립하며. 모든 직원들은 개인의 실적 향상 계획을 수립한다.

경영진의 전략 수립에 적용되는 기본 원칙 하나는 참가자들이 계획 수립 과정에 동등하게 의견을 제시하는 것이다. 이것은 다른 의견을 막지 않으면서 내 의견을 애기할 수 있게 만든다. 논쟁을 위한 논쟁, 그리고 합의를 위한 합의에는 단호해야 한다. 누군가의 의견에 자동으로 동의하는 사람은 쓸모가 없다.

논쟁적 주제에 대해서는 항상 투표로 결정했다. CEO로서 나는 투표 결과를 뒤집을 수 있는 권리가 있었지만 이런 경우는 매우 드물었다. 재임했던 20여 년간 내가 다수의 의견을 뒤집은 경우는 세 번에 불과했다. 다행히도 세 번의 결정이 모두 옳은 것으로 판명 났지만, 대부분 다수의 결정이 옳았다.

이 사례는 참여 경영이 효과적으로 실행되는 방식임을 보여준다. 물론 이것은 정치 세계의 투표제와는 다르다. 정치 세계에서는 대부분의 사람이 이슈를 제대로 알지 못하고 인지도나 다른 표면적인 이유들을 근거로 투표하기 때문이다. 최고경영팀의 멤버는 모든 면에서 적절한 지식과 학식을 갖고 있었고, 회사 내에서 유능하고 충분한 자격을 갖추고 있었다.

물론 가치를 공유하고 우수한 멤버들로 구성된 팀과 일하는 호사를 항상 누리지는 못한다. 그리고 정해진 결론을 유도하는 방식으로 참여 경영이 이뤄지는 경우도 있지만, 필요한 정보를 모으고 합의를 도출해내는 것이 중요하다.

뇌붙이하시민 킴어 경영이 사내 정치에 이끌려 인기 콘테스트로 변하거나 집단동조 사고에 빠지게 되면 조직이 파괴될 수 있다. 합리적이고 객관적 사실에 근거하여 의사결정을 하는 과정을 통해 리더십을 훈련해야 한다. 참여 경영에서 리더십을 발휘하기 위해서는 설득과 통합이 요구된다. 그래서 권위적 리더십보다 훨씬 어렵다. 선원들이 함장을 두려워한 나머지 아무런 이야기도 하지 못해 결국 좌초된 영국 함대 바운티 호의 사례를 참고하라. 누구나 블라이 함장처럼 무소불위의 권력을 휘두르는 것은 쉽다.

참여 경영은 실행하기 가장 어려운 리더십 방식이지만, 장기적 관점에서는 최상의 결과를 낸다. 다양한 개인이 의사결정 과정에 참여하여, 경영 시스템 내에 더 많은 정보가 쌓이고 더 다양한 관점이 생기며 충분한 실행력을 얻을 수 있기 때문이다. 권위주의 조직은 단기적으로 성공할 수 있지만, 조직 규모가 커지면 최고경영층으로 흐르는 정보가 부족해지기 마련이다. 결국 실패하고 만다.

BB&T는 권위주의 리더십 방식을 가진 회사들을 제법 많이 인수했다. 다양한 회사의 리더와 직원이 참여 리더십 과정을 완전히 이해하는 데는 (몇몇은 떠났지만) 여러 해가 걸렸다. 마침내 참여 경영을 이해한 사람들은 높은 실적과 행복한 삶을 동시에 얻을 수 있었다.

BB&T는 필연적 가치 체계에서 출발한 경영 원칙을 갖고 회사를 운영했다. 그리고 이것을 지금까지 논의한 경영 방식과 통합했다. 그 원칙은 다음과 같다.

- 우수한 인재를 채용하라
- 잘 훈련하라
- 적절한 권한과 책임을 부여하라
- 높은 수준의 성과를 기대하라
- 성과에 보상하라

BB&T의 목표는 자율적이고 진취적인 조직을 운영하는 것이다. 그리고 위에 언급했던 경영 원칙을 효과적으로 운영하기 위해서는 회사의 경영 철학에 정통하고 자신의 분야에서 달인의 경지에 오른 사람들을 필요로 한다.

이렇게 함으로써 회사는 고객 요구에 훨씬 더 즉각적으로 대응하면서도 비용을 낮춘 경영 시스템을 만들 수 있었다. 집중화를 주장하는 논리는 그것이 효율적이라는 것이다. 집중화가 이루어질 때 효율성이 높아지는 것은 사실이지만, 많은 경우에 집중화의 실제 동기는 통제에서 나온다. 책임 소재를 분명히 할 필요가 크다 하더라도 가장 효과적인 감독 방식은 합리적 가치 체계에 충실한, 잘 훈련된 직원을 두는 것이다. 분권화로 많은 지방 시장에서 영업하고 있는 독립적 지점을 두고 있음에도, BB&T는 효율성 면에서 비슷한 규모의 은행군에서 상위 5% 내에 들었다. 감독 시스템에 관한 한 BB&T는 경쟁사들보다 비용을 훨씬 덜 썼다.

나는 이런 개념을 케이토연구소에도 적용하고 있다. 전임 CEO인 에드 크레인Ed Drane은 아무것도 없는 상태에서 새로운 조직을 구축했고, 세계적 수준의 자유주의 "싱크 탱크"를 만드는 놀라운 일을 했다. 그러나 조직이 이미 상당히 성장한 상태에서는 지속적인 성장 전략이 필요하다. 한 명이 지배적으로 의사결정을 하는 단계를 넘어서야 할 때가 된 것이다. 우선 전략 계획 수립 프로세스를 구축하고, 최고경영팀을 만들며, 목표를 설정하고 성과를 평가하는 시스템을 구축하는 등의 일이 그것이다. 케이토연구소는 사명과 가치에 헌신하는 후원자와 이를 구현할 수 있는 뛰어난 직원과 이사회를 갖고 있다.

원론으로 돌아가자. 사람들을 채용하여 잘 훈련하고, 권한과 책임을 부여하며, 그들이 성공하기를 기대하고, 이룬 성과에 보상하라. 이런 원칙을 의식적으로 지키는 조직에는 최고의 인재가 모인다.

# CHAPTER 15

## 전략과 프로세스의 통합

이 장에서는 전략과 프로세스의 관계를 중점적으로 다루고자 한다. 조직에서 가장 기본적인 전략 의사결정 하나가 "고객밸류프로포지션customer value proposition(고객에 제공되는 제품과 서비스의 가치 경쟁력)"이다. 여기서 가치(V)는 가격(P)에 대한 품질(Q)의 관계(V=Q/P)다. 가격 대비 품질이 높을수록 고객 관점에서의 가치는 더 커진다. 이 경우 품질, 가격, 가치는 모두 고객 관점에서 바라본 것이다.

많은 기업이 GM의 쉐보레, 뷰익, 캐딜락처럼 다양한 고객 군 customer segment을 겨냥한 일련의 밸류프로포지션을 제공한다. 고객 기대치에 맞는 가치를 제안하는 것은 브랜드의 성공에 필수적이다. 예를 들어 GM이 한때 캐딜락의 품질 저하를 방치한 나머지 브랜드 가치가 위협을 받은 적이 있다.

밸류프로포지션 전반에 걸쳐 다양한 고객군이 존재한다. 기업이 밸류프로포지션에 맞게 전략을 수립하고 실행하는 것은 장기적인 성공의 토대를 만들기 위함이다. 월마트는 항상 최저가로 상품을 제공한다. 품질을 높이면서 가격을 올리고자 할 때는 상당한 고객 저항에 부딪힌다.

일반적으로 GM처럼 여러 개의 브랜드를 갖고 다양한 가치를 제공힐 수도 있기만, 하나의 브랜드가 한 가지 이상의 밸류프로포지션을 제공하는 것은 실용적이지 못하다.

모든 프로세스는 고객이 기대하는 밸류프로포지션을 구현하는 방향으로 일치되어야 한다. 그렇지 않으면 브랜드 가치는 빠르게 파괴된다. 높은 품질이나 낮은 가격 어디에 중점을 두든지 간에, 조직이 실행할 밸류프로포지션의 수준을 결정하는 것이 성공의 열쇠다. 밸류프로포지션의 목표는 고객 시각에서 보다 높은 품질의 상품을 낮은 가격에 제공하는 것이어야 한다. 이것은 내부 조직을 관리하는 데도 중요한 쟁점이 된다. 조직 내부의 밸류프로포지션을 이해하는 동시에 최종 고객의 밸류프로포지션과의 관계도 이해하고 있어야 한다.

밸류프로포지션을 정할 때, 조직은 경쟁 환경과 자신의 강약점을 분석하는 것이 필요하다. 어떤 가치가 충족되고 있는지, 그리고 필요로 하는 밸류프로포지션의 기회는 어디에 있는지를 파악하는 것이다.

BB&T의 사례를 들어 개념과 실행 방법을 구체적으로 살펴보자. BB&T는 품질 중심 기업이 되기로 결정했지만, 가격이 중요하다는 사실도 충분히 알고 있었다. 가격경쟁력을 유지하면서 품질에 집중하여 최고의 고객 가치를 제공하는 것이 중요했다. 은행업처럼 이윤이 낮은 사업에서 가격은 0.25% 더 높았지만 0.5% 더 높은 가치를 제공하고자 노력했다.

왜 품질을 가격보다 중시했는가? 은행업은 대인관계가 매우 중요한 사업이다. 재무 자문의 품질은 고객 삶에 상당한 영향을 준다. 돈이 있는 사람이나 돈이 아쉬운 사람 모두에게 품질은 특히 중요했다. 이익은 대부분 품질을 중시하는 고객에서 생겼다. BB&T가 가격 경쟁력을 갖고 있지 못했던 것도 다른 이유였다. BB&T는 지방에서 시작했고 대형 경쟁사들에 비해 규모도 크지 않았다. 사업 목적과 윤리 의식, 교육과 지식에 집중하는 것만이 품질 면에서 경쟁사들과 월등히 차별화할 수 있다고 믿었다.

밸류프로포지션을 결정할 때 추가 분석이 있을 수 있겠지만, 이를 결정하는 핵심 요소는 경쟁 환경과 강약점을 분석하는 것이다.

일단 밸류프로포지션이 결정되면 이를 구현하며 브랜드를 개발하는 데 초점을 맞추어야 한다. 만일 가격 주도에 가치를 두었다면 더 낮은 가격을 제시할 수 있는 원가 절감 방안을 검토하는 것이다. 월마트는 중국에서 대량 수입하는 시스템을 "발명"하여 미국 저소득층 소비자에게 엄청난 가치를 제공했다.

품질에 초점을 맞춘다면, 허용 가능한 가격 범위 내에서 어떻게 품질을 차별화할 것인가에 집중하는 것이 당연하다. BB&T는 고객 관점에서 은행 서비스의 품질 결정 요인들을 다음과 같이 파악했다.

- 신뢰성
- 신속한 대응
- 공감 능력
- 충분한 여량

금융 거래에서 사람들은 신뢰할 만한 개인 혹은 기업을 찾으며, 고객은 비록 "아니요"일지라도 즉각적인 대답을 받기를 원한다. 사람들은 자신을 하나의 단순한 고객번호가 아니라 개성 있고 특별한 개인으로 대해주는 사람과 거래하는 것을 더 선호하며, 고객은 전문가들이나 전문 기관에서 서비스 받기를 원한다. 친절한 태도를 가진 의사를 만나는 것은 기분 좋은 일이지만, 중요한 것은 병을 어떻게 치료할지 정확하게 아는 의사를 만나는 것임을 사람들은 잘 알고 있다.

앞서 논의했던 원칙들을 상기해보면 그것은 바로 수준 높은 고객 서비스 기반과 같다. 이런 관점에서 BB&T는 결코 고객을 나쁘게 이용하지 않으며 은행을 악용하려는 사람들과는 거래하고 싶지 않음을 천명했다. 파트너와의 관계에서도 장기적 관계를 유지한다는 관점에서 그에 상응하는 대우를 했고, 윈-윈 파트너십을 구축하기 위해 모든 노력을 기울였다. 파트너십의 속성은 약속을 지키는 것에 있다. 약속은 반드시 지켰고, 서로가 잘될 수 있는 기회를 찾기 위해 노력했다.

그러나 여기에는 많은 것이 필요했다. 신뢰받기 위해서는 항상 지켜야 할 명확한 정책을 가져야 했고, 아무리 어려운 시기라 할지라도 BB&T의 전통적 강점을 활용하여 고객과 파트너 모두를 돕는 데 최선을 다했다. 물론 2008년 금융위기 상황에서는 금융 당국의 압력으로 불가피한 선택을 한 적도 있었다. 슬픈 일이지만 이것은 장기적 관점에서 밸류프로포지션에 어긋나는 일이었다.

직원이 고객에게 신속하게 응대하게 하려면 의사결정 권한을 위임해야 한다. 의사결정 분권화는 신속한 응대를 가능케 해주며, 직원 교육은 고품질 서비스를 가능하게 만들어준다. 실무 기술을 충분히 갖추고 자신의 책임을 완수하는 직원은 고객의 문제를 보다 잘 해결할 수 있는 창의적인 해법을 갖고 있거나 다른 직원에게 고객을 이어주는 합리적인 판단을 할 수 있다. 어느 시점에서 고객을 다른 직원에게 연결해주어야 하는지를 큰 맥락에서 잘 파악하고 있는 것이다. 교육과 지식은 자신감을 만들고, 그 자신감은 직원이 더 공감하는 자세로 고객을 대할 수 있게 하며, 신속한 응대를 가능하게 하고, 고객의 신뢰를 확보하게 만든다. BB&T가 초기부터 가장 중점을 둔 전략적 의사결정은 바로 직원 교육에 상당한 투자를 하기로 했던 것이다. 광고 예산을 대폭 줄이고 교육 투자를 늘렸다.

광고보다는 고객의 입소문을 통해 사업을 성장시키고자 했다. 고객을 효과적으로 돕는 데 전념하도록 잘 교육된 직원만 있다면, 고객은 친구들에게 BB&T 얘기를 할 것이다. 그 전략은 효과가 있었다.

명확히 정의되고 세심하게 개발된 프로세스는 서비스 품질에 영향을 주었다. 태도와 행동이라는 두 가지 관점에서 직원에게 최상의 서비스 교육을 실시한 후 직원의 행동을 점검했다. 직원은 전화벨이 세 번 울리기 전에 전화를 받고 대본 안내문에 따라 응답을 하도록 훈련받았다. 고객 서비스 담당 직원은 항상 고객과 시선을 마주치고 악수하며 거래에 감사하다는 의사 표현을 하도록 교육받았다. 창구 직원들은 고객의 이름을 부르고 거래에 감사하다는 의사를 표현하게 했다. 이런 행동이 학습되고 패턴화되자 직원들은 고객 응대에 대한 고민 없이 고객 니즈needs에 집중할 수 있는 여유를 갖게 되었다.

행동 패턴화가 가장 중요한 상황은 고객이 화났을 경우다. 이런 상황에서는 고객이 왜 화가 났는지 이해하고 문제를 충분히 공감하고 있다는 사실을 고객에게 알리는 것이 중요하다. 그것이 고객의 잘못이든 은행의 실수든 상관없다. 직원이 고객의 말에 귀 기울이고 있다는 사실을 알려야 한다. 이런 정서적 교감이 이루어지면 문제를 실질적으로 해결할 수 있는 단계로 넘어간다. 회사 실수라면(또는 고객이 자신의 실수가 아닌 회사의 실수라고 합리적으로 믿고 있다면) 회사가 사과의 표시를 해야 한다. 고객 충성도는 불만을 어떻게 다루느냐에 따라 크게 강화될 수도, 손상될 수도 있다. 불만 해결 방법은 훈련을 통해 주입되어 내면에 체계화해야 한다. 다시 말하지만, 체계적 훈련의 목적은 직원들이 딴 신경 안 쓰고 전적으로 고객 문제의 실질적인 면을 이해하고 훈련받은 대로 처리할 수 있도록 하는 데 있다. 그래야만 전형적인 상황에서 자동적이고 숙련되게 응대할 수 있다. 체계적이고 숙련된 행동 앞에서는 미처 생각하지 못했다는 변명이 필요 없어진다.

경영의 근본적인 역할은 예상되는 것의 점검이다. 품질 중심의 차별화된 행동이 BB&T의 성공에 매우 중요했기 때문에, 서비스 품질 평가는 고객 접촉이 발생하는 모든 부서와 기타 지원 부서의 인센티브에 반영되었다. 지점은 고객 만족도 조사와 금융 서비스 전문가들의 "익명 사찰" 결과에 따라 서비스 품질을 평가받고, 고객 서비스 부서 직원들은 익명 사찰 평가 결과에 따라 보상받았다. 지점들의 순위는 서비스 품질 결과에 따라 정해졌으며, 지점장의 인센티브도 서비스 평가 결과가 좌우했다.

경쟁사와의 비교 평가를 실시하는 것도 중요했다. 경쟁사와의 비교 평가는 고객 이탈률을 낮추고 고객이 BB&T를 기꺼이 친구들에게 추천하는 데 도움을 줬다. 본사 내부에 있는 부서 직원들은 내부 고객의 욕구를 제대로 파악하지 못하는 경우가 많아, 내부 서비스 품질을 체계화하는 것에도 많은 노력을 기울였다. 내부 부서 직원은 내부 고객에게 중요한 것이 무엇인지를 파악하여 이를 스스로 강화할 수 있는 피드백 구조를 만들었다.

서비스 협약이라는 제도를 품질 향상과 비용 절감에 활용한 것도 주효했다. 협약의 출발점은 내부 고객이 자신의 일을 효율적이고 효과적으로 수행하기 위해 서비스 제공자에게 무엇이 필요한가를 명확히 밝히고, 그들의 서비스를 사용하기 위해 기꺼이 "지불"할 금액을 명기하는 것이었다. 때때로 서비스 부서가 최상의 수준으로 제공할 수 있는 서비스와, 내부 고객이 필요로 하는 서비스가 완전히 다른 경우도 있었다. 서비스 부서는 "내부 고객"의 진짜 욕구를 알지 못한 채 자신들의 생각대로만 움직였던 것이다.

서비스 부서는 서비스 협약의 이행 정도에 따라 평가되었다. 서비스 요건을 충족하거나 초과 달성하면 절감된 비용만큼 그 서비스 부서 직원들에게 인센티브가 지급되었다. 결국 통합된 활동을 통해 목표를 일치시킴으로써 비용을 현저히 절감하고 서비스 품질을 향상할 수 있었다.

BB&T의 핵심 전략 하나는 차별화된 품질로 경쟁하는 것이었다. 전략 실행을 위해 많은 하위 전략을 통합해야 했다. 첫째, 세상을 좀더 살기 좋은 곳으로 만든다는 차원에서의 상호 윈-윈 관계를 기본으로 했다. 둘째, 개인주의 철학을 존중하여 직원과 고객을 특별하며 개성 있는 개인으로 대우하는 것이었다. 경쟁력 있는 서비스 제공을 위해, 직원은 필요한 교육과 훈련을 받아야 하며 고객의 문제나 요구를 해결할 수 있는 지식과 능력을 가져야 했다. 역량 범위 내에서 결정 권한을 가진 직원은 결과에 대한 책임도 같이 가졌음은 물론이다.

패턴화된 행동을 만드는 것은 직원 스스로가 비판적 사고력을 사용하여 특정한 상황을 처리해나갈 수 있도록 정신적 여유를 주기 위함이다. 그런 과정은 목적이 아니라 보다 나은 서비스를 위한 도구라는 사실도 반드시 기억해야 한다. 과정을 목적으로 받아들이는 조직은 정부 기관처럼 관료화된다. "예상되는 것의 점검"이 이뤄지지 않으면 누구도 조직의 메시지를 진지하게 받아들이지 않는다.

수준 높은 밸류프로포지션의 구현에 대해서도 적절한 보상이 필요하다. 직원 대부분은 고객(내부 고객 포함)들에게 최상의 품질을 제공하고 싶어 한다. 이런 목적 달성을 위한 환경을 구축하면 서비스 품질과 직원 사기가 고취된다. 많은 고객이 회사에 대한 직원 만족도를 바탕으로 회사 서비스의 좋고 나쁨을 판단할 때가 많다. 직원을 제대로 대우하지 못하는 조직이 어떻게 고객을 제대로 대접할 수 있겠는가?

다양한 활동을 주요한 전략적 목표와 통합하는 것에 주목해야 한다. 기업 내 많은 활동은 반드시 하나의 목표 아래 통합되어야 한다. 또한 맥락(이 경우 최상의 고객 서비스)을 고려하는 것도 매우 중요하다. 전략의 각 부분은 단지 전략 목표라는 맥락에서만 의미가 있고 도움이 된다.

1990년대 초, BB&T는 식스시그마six sigma로 진화한 전사적 품질 경영을 도입했다. 전사적 품질 경영과 식스시그마에 관한 책과 논문은 이미 수도 없이 많이 나와 있다. 여기서는 이러한 프로그램 전체를 다루는 것이 아니라 그것들의 목표를 개괄적으로 보여주고자 한다. 전사적 품질 경영의 기본 개념은 성과를 이끄는 것이 바로 시스템과 프로세스라는 사실이다. 우려스러운 것은 경영진이 시스템과 프로세스의 결과 대부분을 시스템 내의 개인의 성과에 기인한다고 보는 경향이 있다는 점이다. 이런 상황에서는 개인이 부당하게 비판받거나 부당하게 보상받는 경우가 생긴다. 또한 개인의 행동을 바꾸거나 (채용이나 해고로) 그 시스템에 참여하고 있는 사람을 바꾼다고 해서 결과가 바뀌지도 않는다. 결과물을 바꾸는 유일한 방법은 시스템 자체를 바꾸는 것이다.

　간단한 예를 들어보자. 토스트 빵 굽는 일을 맡고 있는 웨이터가 있다. 낡은 토스터(시스템) 때문에 빵이 탈 수밖에 없다면, 탄 부분을 아무리 잘 긁어내도 고객을 만족시킬 수는 없다. 탄 부분을 제거하는 기술을 향상시키는 것은 결과에 실질적인 영향을 주지 못한다. 다른 사람에게 이 일을 맡겨도 달라지는 것은 없다. 뻔한 얘기지만 토스터(시스템)를 바꾸어야 한다. 시스템(토스터)이 결과물을 만들어내는 요소이기 때문이다.

　교훈은 품질 오류를 수정하려고 노력하기보다 시스템을 다시 설계하는 것이 더 효율적이라는 사실이다. 품질 관리를 시스템적으로

하라. 품질은 태도와 과정의 산물로, 이 두 가지는 상호 의존적이다. 위 사례에서 웨이터는 고장 난 시스템에서 일하면서 (팁이 없거나 얼마 받지도 못하면서) 징계를 받게 될 것이며, 한동안 긍정적인 태도를 가질 수 없게 된다. 기업은 종종 고객에게 높은 품질의 서비스를 제공할 수 없는 시스템을 만들어놓고 직원들에게 강요하는 경우가 있다.

토스터 사례는 간단하지만, 시스템이 결과를 만들어내는 조직에서는 자주 발생한다. 관리자들은 시스템이 장려하거나 직원들에게 강요하는 행동이 어떤 것인지 모른다. 많은 경우 시스템 설계에 초점을 맞추는 것이 개별 직원 행동에 초점을 맞추는 것보다 훨씬 더 생산적이다.

이 개념은 매우 유용하지만 극단적으로 적용되면 오히려 생산성을 떨어트리기도 한다. 적절하게 설계된 시스템에서는 개인의 행동이 매우 다양할 수 있으며, 시스템 결과물의 질과 양에 큰 영향을 주기 때문이다.

다른 사례를 하나 들어보자. 비교적 최근까지도 은행은 수표에 기재된 금액을 수동으로 입력했다. 엄청나게 빠른 속도로 한 치의 오류도 없이 수표의 금액을 확인하고 이를 입력하는 뛰어난 직원이 있었다. 입력하는 직원들 간에 품질과 생산성의 차이는 컸다. 고성과 입력자는 높은 급여를 받았다. 하지만 실질적인 생산성 향상은 수표 금액, 수표와 관련된 자료를 자동으로 읽고 입력하는 기계의 발명에서 나온 것이다. 결과물을 만들어내는 핵심 요인이 시스템에 있는지,

개인에게 있는지를 파악하는 것은 경영자의 중요한 역할이다. 시스템 혁신이 생산성에 가장 큰 영향을 주는 것은 확실하지만, 누구도 시스템 개선 방법을 모르는 경우가 있다. 이런 상황에서는 개인의 역량이 결정적 요인으로 작용한다.

개인 서비스와 관련해서는 전형적인 제조업의 기계적 방식이 아닌, 보다 광의의 원칙이 시스템에 반영되어야 한다. 구체적인 상황에 적응하면서 문맥을 유지하며 원칙을 적용하는 능력이 중요하기 때문이나. 이런 경우에 기계식으로 시스템에 적용한나면 파괴적인 결과를 낳을 수 있다. 인간관계에 바탕을 둔 영업과 서비스가 이런 범주에 해당한다. 직원은 특정한 상황에서 자신의 행동을 고객에게 맞출 수 있어야 한다. 물론 코칭을 통해 올바른 방식을 가르치는 것도 방법이다. 시스템에 의존하여 기계적으로 만들어내는 행동은 이러한 환경에서 효과가 있을 수 없다.

전사적 품질 관리의 또 하나의 중요한 측면은 특수한 원인과 통상적인 시스템 오류의 차이를 구별하는 것이다. 특수한 원인은 예상치 못한 결과를 초래하는 예외적 사건이다. 만일 예외적 사건 때문에 시스템을 재설계한다면 시스템 효율성은 더 떨어진다. 특수한 사건에 대해서는 사건 자체를 해결하도록 노력해야 한다. 그러나 시스템의 통상적인 결과가 허용 범위 밖이라면 시스템을 재설계해야 한다.

불행하게도 정부 정책 대부분은 시스템 설계의 관점에서 특수한 원인을 잘못 해석하는 것에서 시작되었다. 2002년 사베인스-옥슬리

Sarbanes-Oxley 법안이 대표적인 사례다. 당시 월드컴과 엔론과 같은 대형 회계부정 사건이 발생하면서 언론의 주목을 받았다. 이때 사베인스-옥슬리 법안이 만들어졌지만, 두 개의 회계부정 사건은 시스템 문제가 아닌 특수한 상황이었다. 회계부정은 적어도 로마제국 이래 계속되어왔다. 두 회사는 회계 시스템을 속였고, 연루된 경영자들은 기소되었다.

사베인스-옥슬리 법안이 제정된 지 10년이 지나고 나서, 나는 사베인스 상원의원과 토론할 기회가 있었다. 금융 분야에서 40년 동안 주로 위험 관리에 초점을 두고 일했던 나는 실제 분식회계와 관련된 손실에 관해 큰 관심을 갖고 조사해보았다. 흥미롭게도 분식과 관련된 손실은 사베인스-옥슬리 법안이 실행된 이후 더 크게 늘었다. 이것은 악화된 경제 상황과 상장 기업의 감소와도 어느 정도 관련이 있었다. 상장 기업의 수는 감소했지만, 분식회계로 인한 금액은 더 컸던 것이다. 물론 분식회계로 인한 손실 대부분은 주식시장 밖에서 발생했지만, 그렇다고 해서 부정 손실이 줄어든 것은 아니었다.

결국 법안은 경제에 부정적인 영향만을 남겼고 회계 관리 비용을 현저히 증가시켰다. 그럼에도 이 법안이 지지를 받는 것은 회계 관련 산업에 종사하는 사람들의 기득권 때문일 것이다. 이들이 반대하는 일을 정부가 추진하기는 어렵다. 사베인스-옥슬리 법으로 인해 회계 관련 직원들의 교육은 강화되었지만, 엔지니어와 프로그래머 교육은 상대적으로 약화되면서 전체적인 생산성도 하락한 것이다.

불행하게도 현대 규제의 많은 부분은 사베인스-옥슬리 법안과 같이 눈에 띄는 소수의 사례가 정부 규제를 주도하는 개념적 오류에 기반하고 있으며, 이는 결과적으로 전반적인 산업 경쟁력을 약화시켰고 그로 인해 사람들의 삶의 수준도 낮아졌다. 개념적으로 사람들은 "법"을 시스템으로 생각한다. 시스템이 특별한 원인 때문에 재설계되어서는 안 된다. 특히 수백 년간 효과적으로 작동한 시스템의 경우 더욱 그렇다.

개인 행동과 시스템은 모두 성과에 영향을 미친다. 최적의 성과를 얻기 위한 시스템을 만드는 것이 목표다. 시스템 내의 개인에게 동기를 부여하여 높은 성과를 내도록 하고, 적절하게 설계된 시스템 내에서 높은 성과를 낸 개인은 적절하게 보상받아야 마땅하다.

법은 시스템이다. 특정한 원인으로 인해 발생한 것을 법 개정으로 해결하려 해서는 안 된다. 물론 정치적 동기로 인한 법 제정도 마찬가지다. 많은 규제가 개인의 비생산적 행동을 촉진하고 있다. 이런 규제는 앞서 얘기한 고장 난 토스터와 같다.

# CHAPTER 16

## 이성적 낙관주의 – 열정과 긍정적 자세

성공과 행복은 현실적 사고와 이성적 사고를 기반으로 할 때 성취 가능하다. 현실주의가 비관주의를 의미하지는 않는다. 현실에 기초하고 현실에 부합하는 목표는 누구나 이룰 수 있다.

목표는 이성적 낙관주의의 관점에서 이뤄져야 한다. 이성적 낙관주의자는 현실적으로 이룰 수 없는 목표를 설정하지 않는다. 도전적이고 낙관적이면서도 달성 가능한 목표를 정하기 때문이다. 목표를 달성하는 것 자체가 높은 수준의 동기 요인으로 작동한다. 하지만 너무 쉽고 낮은 목표는 의욕을 떨어트리기도 한다. 예를 들어 전문가가 8% 성장을 예상한다면 10%의 성장 목표를 갖는 것이 좋다. 불가능하지 않은 수준에서 노력하여 이룰 수 있는 목표를 갖게 되면 보다 혁신적으로 행동하도록 동기 부여하게 된다. 설사 목표 달성에 실패하더라도 처음부터 낮은 목표를 설정했을 때보다는 나은 성과를 거둘 수 있다. 또한 성과 달성을 위해 노력하는 과정에서 많은 것들을 배우는 기회도 갖게 되며, 이러한 배움을 통해 내년에는 더 나은 성과를 달성할 수 있게 된다.

학교에서도 이런 일은 흔히 있다. 특정 과목에서 B학점을 목표로 공부했던 학생이 A학점을 받으면, 다음 시험 공부를 게을리하게 되고 결국 C학점을 받아 평균 B학점이 된다. 결과는 기대치를 넘지 못한 셈이나. 이런 식으로 스스로를 제한할 필요는 없다, 이것은 마치 성공을 두려워하는 것과 같다.

물론 비이성적이고 지나치게 낙관적인 기대는 동기를 떨어트리고 장기적으로 부정적인 행동을 만들기도 한다. 간혹 비이성적인 조직 목표를 세우는 CEO가 있다. 달성 불가능한 목표는 구성원의 사기를 저하시키고 장기간에 걸친 동기 부여를 방해한다. 또한 조직의 장기 가치를 훼손하는 단기 의사결정이 남발될 수 있다. 투자 축소, 지나친 비용 절감, 또는 과도한 위험 감수 등이 대표적인 사례다.

어떤 성공은 비이성적인 낙관주의를 불러온다는 사실은 역설적이기도 하다. 은행에서 일할 때 몇 년 동안 최고 성과를 내는 금융기관들을 목격한 적이 있었다. 이들은 주로 대형화를 통해 높은 성과를 냈고, 환경이 변했을 때도 같은 성과를 유지하려고 노력했다. 이들은 지나치게 비용을 절감하고 과도한 위험 감수로 실적이 더욱 악화되는 상황에 직면했다.

생산적인 목표 달성을 위해서는 어떤 종류의 성과를 목표로 할 것인지 정해야 한다. BB&T는 20년 동안 연평균 성장률이 20%에 이르렀지만, 한 번도 연 20% 이상의 성장을 목표로 잡은 적이 없었다. 회사의 목표는 서로가 토론하고 합의하여 도출한 철학, 전략, 프로세스를 세계 정상 수준으로 만드는 것이었다. 동시에 끊임없이 새로운 기회를 찾고 프로세스를 향상시키는 데 집중했다. 일반적인 성장 목표는 8~10%였다. 그러나 성장 목표보다는 품질 목표 달성에 훨씬 큰 가중치를 두었다. 세계 최고의 서비스라는 품질 목표는 이성적이면서도 낙관적으로 받아들여졌다.

이성적 낙관주의는 가능한 결과의 범위를 객관적으로 평가하고, 정해진 범위의 상한을 추구하는 것으로 시작된다. 목표 설정은 분명히 예술이면서 과학이기도 하다. 대부분의 경우 이성적 결과의 범위는 쉽게 알 수 있다. 예를 들어 10년 동안 6%와 8%의 차이 누계는 엄청나다. 그리고 매일 잠재력을 최대한 발휘하면서 얻는 자부심의 누계는 훨씬 크다.

자신의 인생 목표가 잠재적 가능성 아래에 있지는 않은가? 아니면 인생 목표가 한낱 꿈에 불과한 것은 아닌가? 몽상적 인생 목표를 알려주는 징조는 목표 달성을 위해 어떤 노력도 이어가지 않는 것이다. 철학 박사 학위를 원하는 사람이 있다고 하자. 그는 10년 전에 대학을 졸업하고도 지금까지 석사 과정조차 밟지 않았다. 이쯤 되면 목표를 추구하거나 목표를 놓아주거나 해야 한다. 그 목표 때문에 자신의 재능과 동기에 적합한 다른 목표를 추구하지 못할 수 있기 때문이다.

이성적이며 낙관적인 목표를 갖고 그것을 달성하기 위해 노력하는 것은 개인의 행복 추구와 조직 성공에 필수적이다.

국가는 목표를 가질 수 있을까? 그렇기도 하고, 아니기도 하다. 정치 지도자들이 말하는 목표의 대부분은 국가가 하나의 단일체라는 가정에 바탕을 두고 있다. 현실에서 국가는 서로 다른 목표를 가진 수많은 개인으로 구성되어 있다. 정치 지도자들이 한 국가의 목표를 말할 때는 예외 없이 개인이 다른 사람의 목표에 따르도록 힘을 사용하도록 만든다. 정부는 권력을 사용할 수 있는 기관으로 규정된다. 권력을 가진 정부가 가질 수 있는 합법적인 단 하나의 목표는 개인의 권리를 보호하는 것이다. 다시 말해 특정 개인이나 집단이 다른 개인이나 집단에 부당하게 영향력을 행사하지 못하게 하는 것이다. 미국 정부(또는 다른 어느 정부)의 합법적인 목표는 미국 독립선언서에 명시된 대로 개인의 삶, 자유, 그리고 행복 추구의 권리를 보호하는 것이다. 정부가 목표를 설정할 때 한계를 명확히 제시하는 것이 필요하다. 정부의 목표는 자발적으로 형성된 조직이나 개인의 목표와 본질적으로 다르기 때문이다.

이성적 낙관주의 개념은 박애주의 우주관에 기초한다. 박애주의 우주관이란 대자연이 "친절하다"라는 것을 의미하지는 않는다. 실제로 대자연은 거칠고, 가혹하며, 엄격한 현실 법칙을 고수한다. 대자연은 사납지도 않고 호의적이지도 않다. 그냥 존재한다. 박애주의 우주관이란 인간이 주어진 현실(대자연)의 속성을 고려하여 생존하고 번성하는 능력을 가지고 있다는 개념이다. 인간은 자신의 노력으로 성공을 보장할 수 없다. 단지 성공할 수 있는 능력을 갖고 있을 뿐이다.

이 능력은 신이 부여했을 수도, 진화의 결과물일 수도 있다. 무엇이든 간에 인간은 불행한 삶을 살거나 일찍 죽을 운명을 타고난 것은 아니다. 인간은 스스로 좋은 삶을 만들어갈 능력을 갖고 있다. 인간은 성공과 행복을 이룰 수 있으며, 번성할 수도 있다.

현실(그리고 대자연)을 정복하기란 쉽지 않지만, 그것이 불가능한 것은 아니다. 자신이 불행하게 살아갈 운명이라고 생각하는 사람은 불행한 삶을 살게 된다. 의미 있는 삶을 살 수 있다고 깨달은 사람은 그런 삶을 살 가능성이 획기적으로 높아진다. 그러나 어떤 것도 보장되지는 않는다.

국가는 자국 문화에 뿌리박은 박애주의적 세계관을 어느 정도 갖고 있다. 미국은 삶의 관점으로 아주 긍정적인 박애주의 세계관을 갖고 있었다. 국가주의 운동이 갖고 있는 인생관과는 엄격하게 다르다. 이들은 사람을 부족하고 이기적이며 파괴적인 존재로 본다. 오직 현명한 소수의 엘리트 철학자만이 인간을 보호할 수 있다고 믿는다. 플라톤Platon이 바로 이런 개념의 창시자로 철학자 왕이란 생각을 퍼트렸다. 그리고 이런 생각은 인간의 역사 상당 부분을 지배해왔고 진보에 장애물로 작용했다.

미국은 (정부나 군중의) 강제된 힘의 족쇄에서 벗어나 인류가 자연스럽게 생존하고 번창도 할 수 있다는 사상의 기초 위에 탄생한 첫 번째 유일한 나라다. 인류는 진화했다.

미국이 다른 국가와 다를 게 없다고 주장하는 사람들은 인간의 역사를 제대로 모르거나, 삶에 관해 회의적이거나, 부정적인 인생관을 갖고 있다. 인생관은 권력에 대한 욕심이나 자만심보다 더 근본적인 문제다. 부정적인 인생관은 출발 자체가 바이간적이기 때문이다.

개인과 조직에 관한 얘기로 돌아가서, 역경에 처했을 때 긍정적 태도를 유지하는 것은 생각보다 중요하다. 긍정적 태도를 유지하는 것이 현실에 대한 애착이 부족함을 반영하는 것은 아니다. 셀프 리더십의 관점에서 부정적 상황을 의식적으로 인정하지 않는 것은 일종의 파괴적 회피다. 리더의 바람직한 태도는 부정적 상황을 의식적이고 솔직하게 정의하고, 낙관적이며 이성적인 해결책을 제시하는 것이다. 예를 들면 회사에서 개인적으로 큰 위험을 느끼면서도 계속 "미소를 지으며" 팀에 집중하라고 말하는 것과 같다. 성공 가능성의 여부를 떠나, 객관적 사실에 근거하여 이성적으로 긍정적 태도를 유지하는 것은 보다 높은 성과를 내는 데 도움을 준다. 리더가 실패할 수밖에 없다고 믿는 순간 실패는 현실화된다. 긍정적 에너지를 갖는 것은 좋은 결과에 필요한 집중력을 높여준다.

앞에서 셀프 리더십을 포함하여 모든 리더십에는 감정적 열정이 필요함을 밝혔다. 어려움에 처하면 열정의 필요성이 커진다. 이럴 때 도움이 되는 것은 기본 전제와 조직 목표로 돌아가는 것이다. 일이 중요하다면 장애물은 극복할 가치가 있다.

도덕적으로 행동했다면 성과가 나빠도 사과할 필요가 없다. 다만 근본 원칙에 맞게 도덕적 삶을 사는 데 실패해서 부정적인 결과가 생겼을 때는 우울해질 만하다.

이성적 낙관주의자에게는 분명한 양심이 있어야 한다. 인간은 모두 실수한다. 심지어 이성적으로 신중하게 생각한 선의의 행동도 부정적인 결과를 초래할 수 있다. 실제로 예상치 못한 나쁜 결과 앞에서는 자신의 실수를 용납하기 어렵다. 그러나 자신의 가치를 훼손하여 생긴 나쁜 결과를 용서하는 것은 훨씬 어렵다. 이런 상황이 온다면, 자신의 가치를 훼손하게 된 진짜 이유를 찾아내고 이를 인정하며 다시는 그러지 않겠다고 다짐해야만 용서될 수 있다.

불행하게도 많은 사람이 실수를 하지 않겠다고 다짐하기보다는 죄책감에 의지하며 자신을 용서하곤 한다. 모든 죄는 대가를 치른다. 무의식적으로 실수를 허용하는 것은 반복된 실수를 양산할 뿐이며 잘못했다고 느끼면서도 계속 같은 행동을 반복한다. 죄책감을 느끼는 것만으로는 긍정적 태도를 유지할 수 없다. 잘못이란 나쁜 결과를 만든 것이다. 자신과 다른 사람에게 실수를 고백하고 인정하고 사과하고 필요하다면 보상도 해야 한다. 그래야 계속 갈 수 있다. 죄책감은 용서가 아니다. 현실에 기반한 이성적 낙관주의는 "할 수 있다"라는 태도를 반영한다. 죄책감에 사로잡혀 있다면 이성적 낙관주의자가 될 수 없다.

역사적으로 볼 때 미국은 이성적 낙관주의 인생관으로 특징지어지는 유일한 나라다. 국가주의가 개인의 자유를 침식할 수록 사람들의 낙관적 시각은 후퇴하게 된다. 자신의 삶에 대한 주도권과 자유를 통해서 자연스럽게 기회를 실감하고 낙관적인 마음을 얻게 되기 때문이다. 어떤 국가나 사회에서도 이성적 낙관주의 인생관을 가진 사람이 많아야 그 국가나 사회가 성공할 가능성이 높아진다.

# CHAPTER 17

## 결과 = 생각 + 행동

성과를 향상시키고자 할 때 많은 관리자들은 결과에 초점을 둔다. 결과는 개인 행동 방식에 근거하여 발생하는 것이어서 결과에만 초점을 맞추는 것은 바람직하지 않다. 결과를 바꾸기 위해서는 행동을 바꿔야 한다. 행동이 결과를 이끈다. 몸무게가 많이 나가 걱정이라면 적게 먹고, 다른 것을 먹고, 운동을 더 해야 한다. 행동을 바꾸어야 몸무게를 줄일 수 있다. 판매 실적을 높이고 싶다면 더 많이 전화하고, 만나고, 새로운 판매 기법을 개발하고, 인적 네트워크를 강화하는 활동을 해야 한다. 학교 성적을 올리고 싶다면 더 오래 공부하고, 공부 방식을 바꿔보고, 멘토를 찾아야 하는 것처럼 말이다. 행동을 바꾸지 않고는 판매 실적도, 공부도 늘지 않는다.

행동 변화에서 재미있는 사실은 외부 동기도 일시적 원인이 된다는 것이다. 물론 꼭 바꿔야만 한다는 내면의 믿음이 없다면 행동 변화를 유지할 수는 없다. 행동 동인이 되는 무의식적 전제를 변화시키는 것이 중요하다. 체중은 뺄 수도 있고 늘릴 수도 있다. 행동 변화는 궁극적으로 자신의 신념에 달려 있다. 생각이 행동을 낳고, 행동이 결과를 낳는다.

코칭의 핵심은 조직 구성원(과 자신)의 어떤 행동이 우수한 결과를 만드는지 이해하고, 그런 행동을 지지한다는 신념을 구성원에게 보여주는 것이다. 이런 생각은 자신의 행동이 세상을 더 살아가기 좋은 곳으로 만들고 이성적으로 자신의 이익에 부합한다는 믿음을 강화한다. 결과를 관리하는 것은 불가능하다. 우수한 결과를 만들 수 있다는 생각과 행동을 코치하는 것이 성공적 리더십의 기본이다. BB&T는 믿음과 행동 코칭 모델을 개발했다.

이 모델에서 코칭은 아주 중요한 요소다. 코칭은 원하는 결과를 만들어낸다는 생각과 행동을 끊임없이 강화하는 것이었다. 적절한 생각과 행동에 보상하고 부적절한 생각과 행동에 부정적 반응을 주며 지속적으로 피드백했다.

회사에서는 상사를 리더나 관리자보다는 코치나 교사로 인식하는 것이 더 생산적일 수 있다. 누가 관리되고 싶겠는가? 누가 따르기만 하고 싶겠는가? 그러나 많은 사람이 지도나 가르침에 대해서는 열린 마음을 갖는다. 지도하고 가르치는 것은 높은 수준의 성과 달성을 돕는 것과 같다. 이것은 사람이 갖고 있는 삶에 대한 통제권을 가장 효과적으로 높여주며, 긍정적 결과를 만들어내기도 한다.

자기 자신을 코치로 규정하는 것은 심리적으로도 아주 유용하다. 코치라면 결과보다는 구성원에게 초점을 맞추기 때문이다. 원하는 성과를 만들어내는 가장 효과적인 방법이 바로 지도하고 가르치는 것이다. 가장 훌륭한 리더가 코치나 교사로 인식되는 것도 이 때문이다. 그들은 끊임없이 지도하고 가르친다.

BB&T가 직원 교육에 많은 투자를 하면서 직원 개인의 성과가 크게 향상되었다. 이는 회사의 기본 원칙을 준수하며 멘토링과 코칭, 그리고 셀프 코칭을 바탕으로 한 사려 깊은 피드백 덕분이었다. 피드백은 일상 업무에서 수시로 이뤄진다.

코칭의 중요한 요소는 "무엇을 생각하고 어떻게 행동하는가"다. 구성원이 리더의 생각과 행동을 깊이 이해하도록 만들어야 한다. 구성원은 리더의 말보다 행동을 예의 주시한다. 그리고 리더가 어떤 사람인지를 예리하게 꿰뚫고 있다. 리더는 좋든 싫든 모범을 보여야 하며, 잠재의식 속에 있는 자신을 분명하게 파악하여 자신을 그대로 드러낼 수 있어야 한다. 다른 사람인 척하는 것은 자신을 물론 조직을 파괴하는 것과 같다.

그래서 자기 자신이어야 한다. 자신의 어떤 면을 좋아하지 않는다면 그것을 바꾸라. 자신이 간절히 원하는 결과가 무엇인지 곰곰이 생각하는 것에서 출발하라. 쉽게 화를 내거나 자신의 진짜 의견을 제대로 표현하지 못할 수도 있다. 화가 나 있는 상황에서 자신의 의견을 말해야 한다면, 속으로 열(10)까지 숫자를 세고 의견을 밝혀라. 특정한 내용에 대해 찬성 혹은 반대 의견을 밝혀야 한다면, 자신의 입장을 분명하게 결정한 후 의견을 말해야 한다. 불만족스러운 결과에 대해서는 그런 결과를 만든 자신의 행동을 되돌아볼 필요가 있다. 부정적 행동의 원인이 되는 잘못된 신념은 무엇인가? 원하는 결과를 만들기 위해서는 어떤 행동을 강화해야 하며, 여기에 필요한 신념은 무엇인가?

BD&T가 한 회사를 인수하면서 일부 직원을 판매 부서로 인사 명령을 낸 적이 있었다. 이때 경험했던 바람직한 행동 변화의 사례를 살펴보면 다음과 같다. 판매 부서로 발령된 직원들은 판매라는 것이 고객 입장에서 보면 부정적이라고 생각했다. 변화를 만들어내기 위해 회사는 결과와 행동을 분리했고, 판매 부서 직원들의 행동에만 초점을 맞추었다. 판매 부서 직원에게 요청한 행동은, 고객에게 전화하여 진심으로 감사의 의미를 전한 다음 회사에 바라는 것이 무엇인지 물어보는 것이었다. 이 같은 활동으로 판매가 촉진되는 것을 기대하지는 않았지만, 고객에게 관심을 가지면 장기적으로 판매가 늘어난다. 이런 과정에서 성급하게 결과를 측정하는 것은 바람직하지 않다. 행동을 변화시키면 결과가 변한다. 고객은 판매 부서 직원의 전화를 진심으로 받아들이고 이해했으며, 긍정적인 피드백을 남겼다. 판매 직원은 고객과 서로 이기는 관계를 확보할 수 있었고, 서비스와 판매는 하나가 되었다. 결국 판매 활동이 부정적이라는 그들의 믿음은 바뀌었다.

케이토연구소의 경우 후원자로부터 자금을 모집할 때, 후원의 이유를 탁월하게 설명했음에도 후원금을 받지 못하는 경우가 종종 있다. 이는 후원금을 요청하는 직원이 후원자가 미리 불쾌해할 거라고 믿고 있기 때문인 경우가 많다. 실제로 후원 요청을 기대하는 사람이 있고, 자신에게 요청이 오지 않는 것을 의아하게 생각하는 개인이나 조직이 있음에도 그렇다. 설사 그렇게 생각하지 않는 후원자가 있더라도 후원금을 모으는 행동 자체는 격려받아 마땅하다. 그리고 잠재적 후원자의 긍정적 반응은 후원금을 요청하는 활동이 후원자들을 불쾌하게 만들 것이라는 부정적 믿음을 바꾸는 데 중요한 요인으로 작용한다.

체지방을 조절하고 싶다면 매일 45분씩 운동하고, 붉은 고기를 일주일에 한 번만 먹고, 탄수화물 섭취를 줄여야 한다. 행동에 초점을 맞추라. 결과는 따라온다.

현실에 적용되는 다양한 법칙의 범위 안에 존재한다면, 삶에 영향을 주는 어떤 결과도 개선할 수 있다. 물론 노력하지 않고는 안 된다. 개선은 공짜로 이뤄지지 않는다. 개인이든 팀이든 자신에게 중요한 목적을 선택하고 개선하기 위해 노력하라. 공짜 점심은 없다.

사회적 차원에서 리더십에 영향을 주는 것에 관해 생각해보자. 일자리는 자꾸 줄어들고, 경제 성장도 둔화되는 상황에서 대통령과 정치인, 사회 리더들은 어떤 리더십을 보여줘야 할까? 일부는 일자리 창출과 경제 성장을 이끄는 동인부터 찾으려 하겠지만, 정답은 비즈니스 리더와 기업가에게 있음을 잊어서는 안 된다. 정부는 어떤 활동으로 비즈니스 리더와 기업가를 독려하여 일자리를 만들고 투자를 늘리게 할 것인가? 규제와 세금, 탐욕스럽다는 비난만으로는 이들을 변화시킬 수 없다. 새로운 리더십이 필요하다.

# CHAPTER 18

## 지속적인 향상

모든 것은 더 나아질 수 있다. 지속적인 개선의 기회는 언제나 있다. 이것이 성과 평가와 전사적 품질 관리에 반영했던 BB&T의 마인드 세트였다.

조직은 권력을 중심으로 집중화하는 경향이 있다. 집중화 논리는 최고의 인재와 지식이 중앙에 있다는 점에서 타당하다. 권력 관점에서 보면 조직은 피라미드 형태이며, 본사는 고객 접점에서 일하는 유능한 인재들을 지원부서로 끌어당기는 경향을 보인다. 가장 나쁜 결과는 정보가 본사 의사결정권자에게 오지 않는다는 것이다. 본사 의사결정권자가 고객 서비스 업무 경험을 갖고 있다 하더라도, 본사를 중심으로 하는 편향적 사고가 빠르게 생긴다.

이러한 관료주의적 결함은 실수에 대한 과잉 반응으로 나타난다.

고객 서비스를 담당하는 직원이 심각한 실수를 했을 경우, 그 원인을 개인적 차원으로 보지 않고 시스템에 문제가 있다고 판단하는 것이다. 이런 상황에서는 본사의 통제가 더 강화되고 시스템을 보완하려 든다. 본사 부서의 실수로 인한 위험은 줄겠지만, 전사적으로 고객 요구에 대한 서비스 품질은 떨어지고 조직의 관료주의적 성향은 더 커진다.

자신이 변해야 하는 시기와 환경을 정확하게 아는 것이 진정한 의미의 개선이나. 시기에는 피드백이 필요하다. 과거에는 고객 피드백을 중시했지만 직원 피드백도 필수적이다. 행복하지 못한 직원은 항상 문제를 일으킨다.

BB&T는 정기적으로 직원 만족도 조사를 했지만, 보다 효과적인 수단은 경영진이 직원들과 만나 그들의 고민을 주의 깊게 듣는 것이었다. 총 33개 지역은행을 운영하던 BB&T에서 나는 업무 책임과는 상관없이 경영진 일부를 선정하여 이들과 함께 정기적으로 전 은행을 방문했다. 경영진은 창구 직원이나 고객 서비스 책임자와 같이 일선 현장에서 일하는 직원들과 아침 식사를 하면서 방문 일정을 시작했다. 그리고 둥근 테이블 4개에 경영진과 직원 7~8명이 마주 앉아 업무와 고객 관련한 질문과 대답, 피드백을 주고받으며 많은 것을 배울 수 있었다. 이런 활동은 경영진뿐 아니라 현장 직원에게도 놀라울 정도로 유용했다.

직원 한 명의 피드백에서는 큰 의미를 찾기 힘들지만, 고객 접점에서 일하고 있는 고성과자들로부터 제기되는 주제를 지속적으로 듣다 보면 조직 차원의 유용한 대책을 수립하는 데 큰 도움이 된다. 우수한 직원은 서비스 품질에 관한 문제를 명확하게 짚어내지만, 본사 부서는 요지부동으로 그 문제는 문제가 아니라고 주장하곤 한다. 불행하게도 CEO는 누군가가 문제 해결을 요구할 때 적절한 조치가 취해질 것이라고 믿지만, 본사 직원들이 문제가 있다고 인정하려 들지 않기 때문에 문제 해결을 하지 않는 경우가 많다.

고객에 직접 영향을 주는 일선 현장 직원들이 문제를 제기한다면 실제로 문제가 있는 것이다. 그러나 필터링 역할을 하는 본사 직원을 통하면 문제가 문제 아닌 경우로 둔갑하기도 한다. 필터링 역할을 하는 사람은 조직의 명령 체제 어디에든 존재한다. 지역은행을 방문한 경영진이 아침 식사 직전에 은행 책임자에게 어떤 문제가 있느냐고 물었을 때 대부분은 없다고 말하지만, 식사 중에 직원들은 자연스럽게 어떤 문제를 제기하곤 한다. 문제 해결 권한을 갖고 있는 관리자가 문제를 문제로 인식하지 못한 상황에서는 그 어떤 개선책도 나올 수 없다. 다시 강조하지만, 일선 직원이 문제라 생각한다면 그것은 문제인 것이다. 리더는 행동하고, 생각을 바꿔주고, 실제 문제를 해결하기 위해 나서야 한다.

지역은행 직원들과의 아침 식사와 등근 테이블 미팅뿐 아니라 관리자급 이상 직원과 자문이사회와 함께하는 점심 식사도 중요한 자리다. 이때는 지역 리더들과 함께 다양한 질문과 대답, 피드백이 이뤄지는데 이는 경영진 학습의 큰 경험이 된다. 그 자리에서 우리는 왜 그들이 성공했는지 쉽게 알 수 있었다. BB&T는 또한 유사한 과정으로 본사 부서들을 돌아보기도 했다. 어떤 날에는 2,000명과 악수를 했으며, 연중 약 15,000명~31,000명의 직원, 그리고 수천 명의 지역 자문이사회 멤버들과 악수했다.

은행업은 서비스 사업이어서 인간관계가 중요하다. 비록 정보 수집과 공유를 위해 다양한 매체를 활용하지만 대면 접촉만큼 좋은 것이 없다.

리더 대부분은 의미 있는 피드백을 받지 못해 실패하는 경우가 많다. 피드백 단절은 구성원을 위협한다는 점에서 큰 문제이며, 진실을 말하기를 망설이게 만든다. 어떤 리더는 자신의 의견에 가장 잘 동의할 것 같은 사람에게서만 피드백을 구하기도 하는데, 이는 자신의 목적과 관점으로 정보를 거르는 행위와 같으며, 올바른 정보 유통을 방해하고 결국 잘못된 의사결정으로 이끈다.

리더라면 정직한 피드백을 장려하고, 상품 생산과 고객 서비스에 직접 관여하고 있는 직원들로부터 올바른 피드백이 나올 수 있는 환경을 만들어야 한다. 그래야만 리더와 직원, 조직이 모두 성장할 수 있다. 남의 말을 듣지 않거나 자신의 결정을 바꾸기 싫어 피드백을 거부하는 리더는 조직을 파괴하는 부정적 영향을 줄 뿐이다.

이를 위해 조직은 타당한 실수를 용인할 수 있어야 한다. 그래야 구성원이 더 잘할 수 있고 보다 많은 것을 빠르게 배운다. 타당한 실수란 조직 사명과 가치에 일치하며 성과 향상을 위해 정직한 노력을 기울였음에도 결과가 부정적으로 나타난 것이다. 이런 문화를 갖고 있는 조직은 합리적이며 현명한 리더에 의해 운영되고, 변화를 효과적으로 다루는 능력을 갖고 있다.

효과적인 피드백을 장려하는 것은 조직 문화와 시스템에 의해 이뤄진다. 정직한 피드백은 장려되고 보상되어야 한다. 회사는 관리자가 현업에서 일하는 직원의 의견을 정기적으로 듣도록 규칙을 만들어야 시스템적으로 피드백이 활성화된다.

사회적 리더십에도 이와 관련된 의미 있는 통찰이 있다. 자기 의견에 동의하지 않는 사람에게서 피드백을 받지 않는 정치인과 사회 지도층 인사를 경계해야 한다. 그렇다면 사회적 피드백은 누구에게 받아야 효과적일까? 지역 단위의 사회가 있을 수 있고, 국가 단위의 사회가 있을 수 있다. 가장 바람직한 것은 자신의 결정에 영향을 받는 사람에게서 받는 피드백이다. 미국 헌법의 창시자들은 중앙통제 대신에 주정부와 시민에게 가능한 한 많은 권한을 주기 위해 노력했다. 관료화된 연방정부는 효과적인 피드백을 받기가 어렵다. 여기에는 문화와 시스템 설계 두 가지 문제가 동시에 존재한다. 이를 극복하기 위해서는 유권자의 날카로운 관심이 필요하다.

나는 중앙집권화된 정부의 관료들이 피드백을 받거나 피드백에 따라 행동할 것이라 생각하지 않는다. 심지어 피드백이 정부의 목표 달성에 도움이 되는 경우에도 그럴 것이다. 대부분의 유권자도 이런

사실에 동의하겠지만, 투표할 때면 정부 역할의 강화를 주장하는 쪽
에 찬성 표를 던진다.

# CHAPTER 19

## 윈-윈 파트너십 만들기 – *M&A*

인생은 수없이 많은 파트너십으로 이뤄졌다. 우정, 결혼, 회사, 단체, 그리고 지역사회 모두 파트너십이란 단어로 설명할 수 있다. 그렇다면 성공적인 파트너십은 어떻게 이뤄지는가? 바로 윈-윈 관계를 구축하는 것이다. 때로는 윈-윈 관계를 만드는 것 자체가 불가능할 수도 있다. 현실적으로 가능한 범위 내에서 한 쪽이 이기고 한쪽°이 지는 관계는 피해야 한다. 결국은 실패하기 때문이다.

BB&T는 100개 이상 기업을 합병했다. BB&T는 합병을 윈-윈 파트너십 구축 과정으로 이해했다. 이것이 100건 이상의 합병을 모두 성공적으로 완수하게 만든 동력이었다. 회사는 합병이 조직 구성원과 이해관계자, 특히 주주들에게 최선의 이익이 되는지를 객관적으로 철저히 파악해야 할 책임이 있었다. 그다음으로 피인수 기업 구성원과 이해관계자들에게도 이익이 될 수 있는 합리적인 방법을 찾기 위해 노력했다.

BB&T 합병 과정을 살펴보면 다음과 같다. 물론 이것은 특정 회사의 사례이긴 하지만 이를 통해 파트너십을 구축하는 데 실질적으로 적용할 수 있는 일반 원칙을 보게 될 것이다.

합병을 추진할 때 첫 번째 질문은 왜 파트너십에 관심을 갖게 되었는가다. 우리가 기업을 인수하는 동기 중 일부는 합병을 통한 성상상시력 획보는 만한 것두 없고, 합종연횡하는 산업에서 요구되는 규모의 경제를 확보하는 것이었다. 기업은 스스로 성장하거나 매각을 선택할 수 있다. 하지만 BB&T는 다른 잠재적 인수자들보다 뛰어난 기업 문화와 경영 모델을 갖고 있다고 확신하기 때문에, 회사 매각으로 주주에게 일시에 프리미엄을 제공하는 것보다는 독자 경영을 통해 그 이상을 벌어줄 수 있었다. BB&T 주주들의 성향을 고려하면, 주주들은 합병으로 받은 인수자의 주식을 장기간 보유하겠지만 잠재적 인수 기업의 주식을 건전한 장기 투자 대상으로 생각하지는 않았을 것이다. 이러한 BB&T의 입장은 전적으로 옳았던 것으로 입증됐다. 자기 회사를 매각해서 일시에 거액의 프리미엄을 받은 주주들은 합병 기업인 와코비, 퍼스트유니온, 또는 뱅크오브아메리카(BB&T 인수 계획을 가졌었음) 주식을 보유하고는 모두 후회했다.

비은행 인수의 경우 BB&T는 위험을 줄이고 수익원을 다양화하겠다는 동기에서 시작했다. 우리가 인수한 대부분의 은행은 대출 이외에 별다른 매출을 갖고 있지 않은 단순한 은행들이었다. 이렇게 대출 수익에만 의존하는 바람에 BB&T는 경기 변동에 취약했다. 일반적인 원칙은 합병의 동기가 무엇이냐를 명확히 하는 것이다. 합병은 그 자체가 목적이 아니고, 성장 가능성이 크고 위험이 상대적으로 적은 사업을 새로 만드는 것이며, 실제로 BB&T는 그렇게 했다. 합병 자체가 목적일 경우 대개는 실패한다.

합병을 추진하기 전에 먼저 자기 회사의 경영 시스템을 정비해야 한다. 인수를 통해 고장 난 경영 시스템이 고쳐질 가능성은 극히 낮다. 다음으로 기업 인수에 앞서 잠재 파트너의 조직 문화가 적합한지를 따지는 것이 성공적인 합병의 필수 조건이다. 또한 인수가 잘못되었다 하더라도 배 전체가 가라앉는 실수를 범하지 않기 위해서는 규모가 작은 기업을 대상으로 하거나 투명한 거래를 유지해야 한다. BB&T는 장기적 경쟁력 확보를 위한 프랜차이즈 영업망을 구축하고자 했기 때문에 상대적으로 큰 시장점유율을 차지할 수 있는 기존 시장에 주력했으며, 그렇게 함으로써 경영 효율성과 브랜드 가치를 높일 수 있었다. 또한 BB&T는 내실 있거나 중간 수준의 실적을 내는 회사에 초점을 두었다. 부실한 조직은 대개 고치기 어렵고 너무 잘나가는 기업의 실적을 추가로 향상시키는 것도 쉽지 않다. 무언가 숨겨진 문제가 없다면 좋은 회사를 매각하려 하지 않을 것이다.

따라서 투명한 합병 절차를 유지하고 장기적으로 경영 효율성과 브랜드 가치를 높일 수 있는 전략을 수립해야 한다.

엄격한 경제성 검토 기준을 갖는 것은 주주 관점에서 반드시 필요한 일이다. 주당순이익, 주당장부가치, 수익률 등에 관한 영향에 엄격한 기준을 만들어 적용했고, 매출과 손익에서 낙관적 추정으로 생길 수 있는 오류를 최대한 줄였다. 인수 과정이 끝난 후에도 최소한 10년 동안은 인수 당시의 매출 및 손익 추정과 실제 결과를 비교하여 이사회에 보고했다. 자신의 의사결정 실수를 10년 동안 되돌아보니 이를 이사회에 보고한다는 것은 결코 쉽지 않다. 그래서 이런 훈련은 이성적이고 객관적인 분석을 조장하였다.

다음 단계는 유망 인수 대상 기업의 후보 목록을 100개 만드는 것이었다. 목록에는 문화 적합성, 인수의 경제성, 인수 선호 기업의 매각 가능성 등을 포함하고 있다.

인수 대상 기업 중 최고의 후보는 인수 이후에도 우수한 실적을 유지할 수 있을 것으로 기대되는 내실 있는 기관이며, 경영 승계와 관련된 이슈도 핵심 고려 사항에 포함된다. 해당 지역에서 오랜 기간 영업을 해온 기관은 충성도 높은 단골 고객 기반을 확보하고 있다는 점에서 높은 가산점을 받곤 했다. 매각을 목표로 운영해온 회사는 가급적 피했다. 이들 대부분은 장기적인 관점에서 경영 목표를 갖기보다는 단기 이익 극대화에 모든 역량을 집중하기 때문이었다.

인수 가능한 파트너 목록을 만든 다음에는 체계적인 의사 타진 작업이 시작된다. 체계적 타진을 위해서는 인수 대상 기업을 주의 깊게 분석하여 합병이 그들에게도 이익이 될 수 있다는 확신을 가져야 한다. 그래야만 협상 과정에서 서로의 강점과 약점을 잘 설득할 수 있으며, 서로에게 이익이 되는 파트너십을 구축할 수 있다는 믿음을 갖게 된다. 조직 문화적으로 한 회사가 되는 것을 두려워하거나, 파트너십을 통한 이익과 비용이 명확하지 않은 경우에는 합병을 권하지 않는 것이 원칙이었다.

합병은 결혼과 같다. 좋은 관계를 장기간 유지하겠다는 약속이다. 얕은 수로 남을 속이거나 충분한 검토 없이 이뤄진 파트너십은 성공할 수 없다. 파트너십을 통해 서로가 자신의 열정을 끌어내지 못한다면 그냥 협상을 건너뛰는 것이 낫다.

검토와 협상 작업이 서로의 합의를 거쳐 원활하게 진행되면 BB&T는 인수 대상 기업의 경영진을 본사로 초대한다. 이 자리에서는 핵심 경영진을 소개하고 BB&T의 재무제표를 설명한다. 그러나 무엇보다 중요한 것은 조직 문화에 관한 것이다. 장기적 성과를 중시하는 BB&T의 조직 문화를 설명하고 합병 후에도 이런 문화가 중요하다는 사실을 충분히 알린다.

합병을 위한 가격 협의가 진행되는 과정에서는 두 회사의 관점에서 합병의 경제성에 관한 분석 결과와 인수 제안 가격 산출 방식을 공유한다. 이 단계에서는 잠재적 비용 절감에 대한 협의가 중요한 요소다. 일반적인 인수 합병에서 일부 회사들은 공격적인 비용 절감 방안을 내놓으며 높은 가격을 정당화하려 한다. 그러나 그런 형태의 비용 절감에는 직원 해고와 같은 위험이 따르며, 그럴 경우 사업과 고객의 입장에서 어떤 변수가 생길 수 있는지를 파악해야 한다. 경험적으로 볼 때 너무 높은 가격에 기업을 인수하면 무리한 비용 절감 압박을 받게 되는 것이 당연하고, 이로 인해 사업 전체가 부정적 영향을 받는 경우가 많았다. 결국 주주에게도 큰 손실을 안겨주게 되는 것은 불을 보듯 뻔한 일이다.

BB&T는 가격이 중요한 기준이 되는 입찰 방식의 인수에는 큰 관심을 갖지 않았다. 조직 문화에 관한 고려 없이 가격만으로 합병을 결정하는 태도는 회사 원칙에 어긋나기 때문이다.

인수 합병을 할 때는 단기 이익의 극대화가 아니라 조직 문화와 장기간에 걸쳐 생기는 가치를 중시해야 한다. 따라서 인수 대상 기업과 긴밀하게 연락하며 솔직하게 최근 실적과 중요한 경영 정보를 주고받으며 서로의 관심사를 공유할 필요가 있다.

인수 후 과정은 인수 전 전략 못지않게 중요하다. 합병은 노출되지 않은 위험 때문에 실패하기도 하지만, 합병 이후 직원 대우 방식 때문에 실패하는 경우도 있다. 기업 자산 가운데 가장 소중한 것이 바로 직원이라는 인식을 가져야 한다. 따라서 체계화된 전사적 자원 관리 시스템이 필요하다.

BB&T는 합병을 발표하는 날 전 직원 회의를 연다. 규모가 작은 기업은 전체 임직원을 참석하게 하고, 규모가 큰 기업은 관리자 이상 임직원을 참석하게 한다. 전 임직원이 참석하지 못할 경우 영상 자료를 만들어 배포했다.

전 직원 회의에서는 인수 합병을 결정하게 된 이유를 개괄적으로 설명하고 BB&T의 조직 문화와 전략을 밝힌다. 이때 직원 입장에서 합병이 가져다주는 부정적인 면과 이점을 솔직하게 말하는 것이 중요하다. 회의의 목적은 모호함을 제거하는 것이다. 모호함은 나쁜 소식보다 훨씬 다루기 어렵다.

또한 합병이 피인수 기업 임직원에게 어떤 영향을 주는지를 충분히 설명했다. 업무가 중복되는 부서가 있더라도 가급적이면 전환 배치를 통해 직원을 유지하기 위해 노력했다. 이런 노력은 결국 인수된 회사에서 고객 서비스 업무를 담당하는 직원들의 사기에 긍정적인 영향을 끼치게 되며, 이는 고객 유지와 잠재적 비용을 절감하는 효과를 가져온다. 이것이 영업권으로 지불한 프리미엄을 상쇄 하는데 더 빠르고 효과적인 방법이다.

본사 직원은 기능이 많이 겹칠 수 있기 때문에 전체 직원의 고용을 보장하기가 현실적으로 쉽지 않다. 그러나 일자리가 없어진 직원들에게 가능한 한 많은 기회를 제공하는 것을 목적으로 삼아야 한다. 직원의 실적과 본인의 의사를 감안하여 충분한 전환 배치가 이뤄질 수 있도록 경영 시스템을 갖추는 것이 중요하다. 이런 과정을 통해 누구에게나 충분한 기회를 제공했다.

규모가 큰 회사를 인수 합병할 경우에는 그곳에 본사를 두기도 했다. 이런 결정이 외견상으로는 비용 절감에 효과적이지 못한 것으로 받아들여지기도 하지만 직원들의 사기를 올리고 시장에 주는 심리적 영향을 최소화하는 데는 충분한 가치가 있었다. 때로는 피인수 기업의 본사 직원이 BB&T 본사에서 채용하는 직원보다 우수하고 뛰어난 실적을 보이는 경우도 있었다.

이런 노력에도 불구하고 새로운 기회를 찾지 못하는 직원에게는 최고 수준의 재취업 서비스를 제공했다. 재취업 서비스의 목표는 합병 회사보다 더 좋거나 나은 재취업 일자리를 찾아주는 것이었다. 항상 100% 성공한 것은 아니지만 많은 직원이 비슷하거나 더 나은 직장을 찾아 재취업했다.

이런저런 이유로 회사를 떠나게 된 직원에게는 관대한 퇴직 패키지를 제공했다. 법이나 계약에 의해 퇴직 패키지를 제공할 의무가 없는 경우에도 BB&T는 자발적으로 퇴직 펀드를 조성하여 적절한 수준의 퇴직 보상을 했다. 이런 원칙은 남아 있는 직원들에게도 큰 영향을 준다. 그들은 회사가 떠나는 직원을 어떻게 대우하는지 항상 주의 깊게 관찰하고 있다. 해고 직원을 공정하게 대우하지 않는다면 남는 직원은 자신도 공정하게 대우받지 못할 것이라 생각한다.

직원 교육과 훈련은 합병 후에도 중요한 요소다. BB&T는 합병 후 직원 훈련에 집중하며 그들이 새로운 역할을 제대로 수행할 수 있도록 도왔다. 공식적인 훈련뿐 아니라 기존 직원과 "친구" 관계를 맺도록 도와 생소한 조직 문화와 경영 시스템에 적응하도록 했다. 예를 들면 피인수 기업의 직원이 BB&T의 전산 시스템에 익숙하지 않을 경우 기존 직원을 파견하여 옆에서 친구처럼 일하며 돕도록 한 것이다. 이런 관계는 정상적인 업무로 돌아와서도 수년간 지속되기도 했다.

합병 발표 후, 피인수 기업 직원들을 안심시키는 활동도 중요한 요소다. 피인수 기업 경영진의 실패로 회사를 매각하게 되었지만, 우수한 개별 직원의 잘못은 아니라는 사실을 빠르고 정확하게 알려 이들을 안심시켜야 한다.

직원은 물론 고객에게도 합병 과정을 충분히 알리는 활동이 필요하다. 합병 발표 후 완료되기까지는 평균 6~9개월이 소요된다. 이 모든 것이 형식적인 절차와 관료주의 때문이긴 하지만, 이 기간 동안 직원과 고객 모두가 최신 소식을 받아볼 수 있는 시스템을 갖춰야 한다.

경영 시스템의 전환도 합병 기업이 직면하는 큰 도전이다. 시스템 오류로 인해 고객에게 부정적인 영향을 줘서는 안 되기 때문이다. 시스템 전환으로 인한 오류를 영(0)으로 만들 수 있는 전체 임직원의 관심과 노력이 필요하다.

BB&T는 성장 초기 전략적 기회를 발견했다.

1980년대 후반 저축은행과 대부 산업은 심각한 문제에 빠졌다. 수년 동안 장기고정금리 상품을 판매한 저축대부조합은 연방준비은행이 급격하게 금리를 올리자 도산하기 시작했다. 다행히 살아남은 저축은행과 조합은 상업부동산 담보 대출에 투자하며 관련된 상품을 팔았다. 그러나 상업부동산 대출시장은 전문성이 필요했으며 신용도에 따라 큰 위험이 도사린 곳이었다. 연방준비은행의 실수와 세금정책의 변화로 1980년 후반과 1990년대 초반에 두 번째 저축은행 산업이 붕괴되었고, 결국 막대한 신용대출 손실과 저축은행의 도산을 초래했다.

저축은행 산업에 대한 언론의 부정적 보도가 쏟아져 나왔고, 이는 잘 운영되고 있는 건강한 저축은행의 평판에도 큰 손상을 입혔나. 결국 은행과의 합병이 필요했고, BB&T는 신중한 검토를 거쳐 시장점유율과 경영 효율성을 높일 수 있는 저축은행 인수에 나섰다. BB&T는 미국 내에서 가장 성공적으로 저축은행을 인수한 기업이었다. 당시 많은 은행이 인수에 뛰어들었지만 대부분 실패했다. BB&T는 건강한 회사를 인수했고, 피인수 기업 직원들이 성공할 수 있도록 도왔다. 많은 은행은 저축은행 직원들을 2류로 생각했다. 하지만 실질적으로는 능력 면에서 은행 직원과 저축은행 직원과의 차이는 없었다. 단지 은행 수준의 상품을 판매하기에 적절한 훈련을 받지 못했을 뿐이다. BB&T는 저축은행 직원들을 훈련하는 데 초점을 두었다.

BB&T는 은행과 저축은행 외에도 보험중개회사 인수에 많은 공을 들였고 성공적으로 마무리했던 경험이 있다. 1980년대 후반 노스캐롤라이나 농장 마을에 위치한 작은 보험 대리점 처리 문제를 놓고 고민했다. 대리점 규모가 너무 작아 매각을 제안했으나 철저한 조사로 보험 대리점시장을 분석하기 시작했다. 분석 결과 보험 대리점 시장은 통합을 통해 규모를 키우는 것이 중요하다고 판단했다. 또한 은행에서 보험상품을 팔 경우 잠재적 보험 고객을 만족시킬 수 있다고 생각했다. 이것은 수수료 수익 구조의 다양성을 확보한다는 전략과도 맞아떨어졌다.

BB&T는 최고의 보험 대리점 인수를 결정하고 시장에 나갔다. 첫 번째 인수 대상은 시장에서 가장 높은 평가를 받고 있는 대형 대리점이었다. 이들은 은행을 경쟁사로 인식하고 있었으나, 합병의 이점을 객관적으로 설명하고 설득하자 선뜻 매각을 결정했다.

합병 조건으로는 모든 영업직원을 유지하고 지원하겠다는 것이 포함되었다. 보험 대리점 직원들은 회사가 비상장 기업에서 공개기업으로 전환되면서 얻게 되는 이익을 누릴 수 있었다. BB&T는 우수한 경영 시스템을 제공하며 직원들을 공정하게 대하기 위해 노력했다.

은행에서 보험상품을 판매하기 시작하자 보험회사들은 전통적인 대리점 시스템이 효율적이지 않다는 것을 알게 되었다. 이를 바탕으로 BB&T는 다른 보험회사들과 보다 좋은 조건으로 거래 협상을 할 수 있었다.

물론 어려움도 있었다. 처음에는 은행 고객들에게 보험상품을 쉽게 교차 판매할 수 있을 것이라 예상했지만, 이는 생각보다 훨씬 어려웠다. 실제로 보험 대리점 사업에 진입한 은행들은 대부분 상품

판매에 너무 치중한 나머지, 보험회사들과의 관계를 활용할 만한 규모의 경제를 실현하지 못했다.

은행 직원의 교차판매가 어려운 것은 은행 직원이 보험 대리점에 도움이 안 되는 고객을 추천하는 경향 때문이었다. 예를 들어 대리점에 오고자 하는 고객들은 대부분 음주운전과 같은 문제로 보험 가입에 문제가 있는 사람이었다. 시간이 흐르면서 BB&T는 교차판매 효과를 크게 향상시켰지만 은행원과 보험중개인 모두 상당한 학습이 필요했다. 초기에는 최고의 보험중개 시스템을 구축하는 데 초점을 두었고, 그 이후에 교차판매를 독려한 것이다. 진정으로 좋은 보험상품과 서비스를 고객에게 제공할 수 있다면 교차판매는 자연히 따라오기 때문이다.

BB&T는 초기에 지역 손해 및 상해보험 대리점을 중심으로 인수했지만, 인수 대상이 늘어나면서 규모가 큰 총판 중개 대리점을 인수하기로 했다. 대리점 시스템을 한 수준 높이기 위해서였는데, 총판 중개 대리점은 지역 대리점들이 계약하기 어려운 보험을 따내도록 지원한다. 총판 중개 대리점은 특수보험회사들과 관계를 맺고 고위험 상품 안에서 다각화할 수 있도록 충분한 계약 물량을 제공한다.

마지막 인수 영역은 수익 다각화를 위한 비보험, 비은행 사업이었다. 벤처캐피털 인수 의사결정이 그것이었다. BB&T는 열 개의 벤처캐피털을 인수했다. 벤처 투자가 그렇듯이 몇 개는 실패했고, 몇 개는 썩 좋지 않았으며, 두 개는 홈런을 쳤다.

홈런 중 하나가 비우량 자동차담보대출 회사다. 우량등급 자동차담보대출은 BB&T의 핵심 사업의 하나였지만, 비우량 자동차담보대출과 연계하면 시너지 효과가 있을 것이라고 판단했다. 매각 기업 경영자는 매우 똑똑했고 정점에서 기업을 팔았다. 해당 산업에 대해 당신보다 많이 알고 있는 사람과 거래를 할 때는 항상 조심해야 한다. 비우량 자동차담보대출 사업에서 가장 중요한 것은 대출자가 실제로 계약금을 지불하는지 확인하는 것이었다. 계약금을 지불하지 않을 경우 연체율은 높아질 것이며 신용등급 하락으로 이자율도 크게 변하기 때문이다.

비우량 자동차담보대출 사업이 호황을 이루자 경쟁이 치열해지면서 계약금을 내는 사람도 줄기 시작했다. 업계가 구조조정 시점에 이르자 손실은 예상보다 컸다.

BB&T는 이사회에 10년 동안 인수 실적을 보고할 때마다 이 합병을 재난이라고 말했다. 이사회는 사업을 매각하라는 주문을 하기도 했다.

하지만 이런 유형의 시장에서 주요 고객은 출퇴근용 차를 사기 위해 대출을 받는 사람들이었기 때문에 장기적으로 좋은 사업이라 믿었다. 특히 신용 점수가 낮은 라틴아메리카 계통의 이민자들은 비우량 자동차담보대출 없이는 차를 구입할 수 없었다. 이런 확신을 바탕으로 경영 시스템을 개선해나가며 기회를 기다렸다.

시간이 흐르자 비이성적인 경쟁사들이 하나둘 실패하기 시작했고, BB&T 사업은 성장했다. 최근 몇 년간 이 상품 라인은 BB&T 재무 실적에 아주 큰 기여를 하기도 했다. 탁월한 조직 운영이라는 강점과 건강한 재무 상태를 유지하고 우수한 경영자가 경쟁우위를 만들어 고객 욕구에 부응하는 상품을 제공하는 등 회사를 잘 운영하다 보면, 비이성적 경쟁자들이 하나둘씩 떠나고 결과적으로 만족스러운 결과를 얻게 된다.

전략, 과정, 이성적 의사결정 모두 중요하다. 하지만 관련된 사람들의 탁월한 통합을 통해 이런 모든 것을 이루어야 한다. 가능한 한 많은 파트너와 윈-윈 환경을 만드는 데 최선을 다하는 것이 성공의 요체다.

# CHAPTER 20

## *CEO가 된다는 것과 큰돈을 버는 것 – 자기계발*

많은 사람이 CEO가 되고 싶어 하고, 돈도 많이 벌고 싶어 한다. 그러나 그 어느 것도 목표로는 충분하지 않다. 내가 가진 목표는 언제나 무슨 일이든 과거에 했던 것보다 더 잘하기 위해 노력하는 것이며, 지금 하고 있는 일이 다른 사람들의 일과 어떤 관련이 있는지를 이해하는 것이었다.

이것이 바로 자기계발이다. 여기서는 내 사례를 중심으로 세 가지 측면에서 필요한 자기계발 영역을 얘기하고자 한다.

1) 실무적 지식(경제학, 비즈니스, 금융)

2) 철학

3) 심리학(자아의식)

나는 경제학 관련 수업을 학부 과정에서 빼놓지 않고 들었다. 아쉽게도 대부분의 수업이 큰 도움이 되지는 않았지만, 지금도 널리 퍼져 있는 신케인스주의에 관한 용어를 이해하는 데는 도움이 되었다.

1960년대와 1970년에 폴 새뮤얼슨Paul Samuelson이 쓴 대부분의 경제학 이론은 조금 위험할 수 있다. 2008년 금융위기가 새뮤얼슨의 이론을 따른 금융기관 CEO와 관료들 때문이라는 시각이 있다. 경세학에 있어서 꼭 읽어야 할 책을 꼽는다면 존 메이너드 케인스John Maynard Keynes의 〈고용, 이자 및 화폐에 관한 일반이론The General Theory of Employment, Interest and Money〉이다. 이 책은 칼 마르크스의 〈자본Das Capital〉과 함께 읽기를 권한다. 두 명의 사상은 아직까지도 공공 정책 결정에 있어서 이론적 영향력을 갖고 있는 게 현실이다.

루드비히 폰 미제스Ludwig Von Mises, 프레드릭 하이에크Frederick Hayek, 밀턴 프리드먼Milton Friedman의 책도 도움이 된다. 특히 〈화폐와 신용 이론The Theory of Money and Credit〉 〈인간 행동Human Action〉은 필독서라 할 수 있다. 〈화폐와 신용 이론〉을 연방준비은행의 관료들이 읽고 정책에 반영했다면 금융위기는 없었을 것이다. 헨리 해즐릿Henry Hazlitt의 〈경제학 1교시Economics in One Lesson〉와 프레드릭 하이에크의 〈노예의 길The Road to Serfdom〉도 읽을 만한 가치가 충분히 있는 책이다.

비즈니스 실무 교육은 대부분 학부와 경영대학원 수업을 활용할 수 있으며, 졸업 후라면 성공한 경영자의 경력에 관심을 갖는 것이 좋다. 특히 비즈니스 언어인 회계 관련 지식을 체계적으로 습득하는 것이 큰 도움이 된다. 회계는 재무적 의사결정을 뒷받침하므로 반드시 철저하게 이해하고 있어야 한다. 회계와 경제학은 표면적으로만 연결되어 있다. 따라서 회계언어를 의사결정의 실질적 자료로 변환할 줄 알아야 한다.

철학이란 근본 원칙을 이해하기 위한 것으로, 성공한 사람 대부분은 분명한 철학적 가치관을 갖고 있다. 나에게 가장 큰 영향을 준 철학자는 아리스토텔레스, 토마스 아퀴나스Thomas Aquinas, 존 로크John Locke, 아인 랜드 등이다. 플라톤과 아리스토텔레스, 아퀴나스에 관심이 있다면 원서를 읽기 전에 존 랜달John Randall의 〈철학Philosophy: An Introduction〉과 같은 작품의 해설서를 추천한다. 물론, 랜드는 자신의 철학을 〈아틀라스Atlas Shrugged〉와 〈마천루The Fountainhead〉와 같은 소설에 주로 표현했기 때문에 이를 통해 쉽게 접근할 수 있다. 레오나르드 페이코프Leonard Peikoff의 〈오브젝티즘: 아인 랜드의 철학Objectivism: The Philosophy of Ayn Rand〉도 상당히 감명받을 만한 책이다.

랜드에 친숙한 독자라면 이 책 전체에서 공유하고 있는 내 철학에 그녀의 생각이 많이 반영되어 있다는 사실을 알 것이다. 그녀의 소설은 오늘날 다양한 문화 현상과 큰 관련성을 보이고 있으며, 소설임에도 정치경제학에 관한 놀라운 지혜를 전하고 있다.

철학을 공부하는 것은 비판적 사고 능력을 향상시키고, 당연한 것으로 여기는 많은 기본적인 생각에 찬성과 반대 의견을 던지며 논쟁하는 데 도움을 준다. 철학을 좋아하지 않는 사람에게도 철학은 존재한다.

자신을 알아가는 자아의식 과정을 통해 다른 사람의 심리적 동기를 이해할 수 있다. 앞서 밝혔듯이 BB&T는 심리 개발 회사 파어소시에이츠를 인수했었는데, 이 회사가 바로 자아의식에 초점을 맞추고 있었다.

나양힌 워그숍과 프로그램에 참가하면서 나는 잠재의식 속에 자리 잡고 있는 심리적 동인과, 그것이 행동에 미치는 영향을 깊이 이해할 수 있었다. 또한 무엇이 다른 사람들에게 동기가 되고, 그들의 행동을 어떻게 읽어야 하는지를 잘 이해할 수 있었다. 물론 구루guru 수준이 되었다는 말은 아니다. 다만 이런 과정이 없었더라면 지금보다 덜 열정적이고 덜 행복했을 것이다.

자아의식을 모르는 사람들은 대부분 잠재의식에 자리 잡고 있는 비이성적인 심리 전제에 근거하여 파괴적인 의사결정을 하기도 한다. 심지어 비이성적 행동을 하면서도 자신은 이성적 행동을 하고 있다고 생각한다. 대부분의 회사는 직원, 특히 의사결정권을 갖고 있는 관리자가 자신의 잠재된 심리적 요인을 깨닫도록 지원하는 데 인색하다.

최근에 개인의 강점 강화에 초점을 둔 심리 프로그램들이 많이 개발되었다. 하지만 심리 개발의 진정한 힘은 마음속 깊숙이 자리 잡고 있는 약점, 즉 개인의 어두운 이면을 직시하는 것에서 나온다. 자신의 어두운 이면을 직시하는 것이 그리 달가운 경험은 아니다. 또한 이런 과정에서 두려움을 나타내는 사람들에게는 역효과가 나타나기도 한다. 그러나 많은 사람은 마음속 깊이 부정적인 생각들이 자리 잡고 있음을 알고 있다. 따라서 부정적인 생각들을 드러내고 맞선다면 나쁜 영향력은 사라진다.

개인의 실제 경험도 자기계발의 중요한 요소다. 경험에는 성공뿐 아니라 실패도 포함된다. 하루하루를 학습 경험으로 활용해야 한다. 일상의 구체적인 삶의 경험으로부터 나오는 의사결정은 그 어느 것과 바꿀 수 없다.

배움과 학습에는 나이가 없다. 평생 학습을 서로 격려하며 독서를 장려하고 우수한 교육 프로그램을 개발해야 한다.

돈에 관한 얘기를 하나 덧붙이자면, 돈이 있는 것이 좋긴 하다. 돈은 삶에 안정감과 유연성을 가져다준다. 그러나 보상으로 받은 10만 달러의 가치는 어떻게 쓰느냐에 따라 다르다. 돈을 버는 것은 생산성의 상징이고 의미 있는 심리적 보상이다. 돈의 가치는 버는 데 있지, 소유하는 데 있지 않다. 가치 있게 돈을 쓰는 법을 익혀야 한다. 기부는 가장 가치 있는 행동이다.

성공한 CEO가 되기까지 내가 받은 교육에 관한 이야기는 이것으로 충분하다.

철학, 가치와 같은 근본적인 믿음을 명확히 정의하라. 자신의 심리를 정확히 파악하고 자아의식을 찾아라. 선택한 분야의 실무와 지식을 이해하고 평생 경험 학습자가 되라. 그리고 단호하게 도전하라.

# CHAPTER 21

## 리더십은 종합적으로 판단하는 능력이다

옥스포드 영어 사전에 따르면, 통합은 "분리된 부분이나 요소를 조합하거나 함께 엮어서 온전한 하나를 만드는 것이다"이다. 종합적 판단은 유능한 리더의 기본적 정신 활동이다.

그동안 얘기했던 리더십 과정을 떠올려보자.

1) 보다 나은 세상을 그리는 비전

2) 구체적 용어와 개념으로 비전을 정의한 목적과 사명

3) 목적 달성에 필수적인 전략

4) 구성원들이 전략을 효과적으로 실행할 수 있게 돕는 코칭

5) 각 구성원이 준수해야 할 기본 원칙과, 이것을 정하는 가치

하나의 큰 그림을 그리기 위해서는 모든 요소를 종합해야 한다. 전체를 하나로 묶을 수 있는 연결점을 찾아내는 것이 리더의 능력이며, 이것이 효과적이고 강력하며 의미 있는 리더십을 발휘하게 해준다.

종합적 판단은 대체로 잠재의식 상태에서 일어나는 경우가 많아서, 그것이 언제 일어났는지 리더가 인식하지 못하는 경우가 있다. 무의식적으로 "바로 그거야"가 연속되어 온전한 그림으로 이어질 수 있다. 이렇게 무의식적으로 종합적 판단이 일어나기 때문에 그로 인한 결론이 왜 맞는지 남에게 설명하기 어렵다. 효과적인 의사소통과 행동을 위해서는 종합적 판단 과정을 이해하고 검증하는 것이 필요하다. 때때로 리더는 의식적 사고 과정을 거치지 않은 채 무의식적으로 종합적인 판단을 하고 그에 따라 행동한다. 이 경우 충성도 높은 지지자를 가질 수도 있고 성공적인 결과를 만들어 낼 수도 있다. 그러나 최적의 결과를 내기는 힘들다. 왜냐하면 무의식적인 판단을 의식의 세계로 끌어올리는 과정이 없으면, 성취에 이르는 실행단계가 명료하게 밝혀지지 않기 때문이다. 또한 계획을 실행할 때 다른 사람의 협조가 필요하다면 그들이 방금 말한 이유를 제대로 이해할수록 목적에 부합하는 행동을 할 수 있다.

물론 앞서 언급한 리더십의 요소 중 일부만을 종합하여 판단하는 성공적인 리더는 많이 있다. 가장 좋은 예로 제2장에서 언급했던 것처럼, 가치와 정신적 측면에서는 종합적 판단을 할 수 없지만 기술

트렌드를 종합적으로 판단하고 경제적으로 탁월한 결과를 만들어내는 전략적 선지자가 있다. 물론 일부 리더는 그저 운이 좋았을 수도 있다.

인간의 번영이라는 측면에서 최상의 리더는 리더십의 모든 구성 요소를 취합하여 종합적으로 판단하는 사람이다. 이들이 속한 조직, 부서, 집단은 합리적으로 달성 가능한 결과의 범주 내에서 경제적 성공을 거둘 것이다. 마찬가지로 중요한 것은 조직 구성원들에게도 일의 보람을 느낄 수 있는 기회가 주어진다는 것이다. 인간의 번영, 즉 행복이 삶의 궁극적인 목표임을 기억하라.

분명히 당신의 삶을 이끌어가면서 삶에 대해 종합적 시각을 가질 것을 당부한다. 다시 말해 비전, 목적, 전략, 그리고 가치들은 서로 부합하고 상호 강화되어야 한다. 이런 개념들은 현실과 부합되는 수준에서 적용되어야 한다. 현실(대자연)을 정복하기 위해서는 이에 순응하지 않으면 안 되기 때문이다.

종합적 사고는 어떤 심오한 차원에서 일어날 필요가 없고 복잡할 필요도 없다. 실수를 체계적으로 바로잡아 가면서 자신의 능력에 맞게 한평생 지속돼야 하는 것이 종합적 판단이다. 종합적 판단을 할 때 천재성이 요구되는 것은 아니지만 최선을 다하지 않는 것 역시 바람직하지 않다.

제4장에서 얘기했던 개념 정립 과정을 기억하라. 종합적 사고는 당신의 두뇌가 큰 그림을 조립해내는 만큼 대자연과 인간 본성에

관한 모자이크를 많이 보는 것이다. 하지만 자신에게 종합적 판단을 해줄 수 있는 사람은 자신밖에 없다는 사실을 깨달아야 한다. 누구나 남에게서 많이 배운다. 종합적 사고에서 필적할 만한 사람이 없는 아리스토텔레스와 같은 천재들에게서도 배운다. 그러나 다른 사람들에게서 배운다 하더라도 종합적 판단의 주체는 자신이 되어야만 한다. 그렇지 않고 다른 사람이 해놓은 종합적 판단을 맹목적으로 수용한다면, 세뇌되어 회피하게 되고 능동적 사고 능력이 약화된다.

누구도 종합적 판단에 기초한 셀프 리더십의 과제를 피해 갈 수 없다. 그러나 셀프 리더십은 다른 사람이 관여되어 있을 경우 필요한 종합적 판단보다는 덜 복잡한 과제다. 팀 구성원이 한 명 추가될 때마다 과제의 복잡성은 급격히 증가한다. 다른 사람이 관여하거나 통제가 어려운 상황에서는 종합적 판단을 제대로 못할 수도 있다. 이런 상황에서는 리더의 지위를 포기하고 싶어질지도 모른다.

기술적 혹은 기계적 요소를 종합적으로 판단하는 데 믿을 수 없을 정도로 뛰어난 능력을 가진 사람들이라 할지라도, 과제를 완수하기 위해 다양한 인간관계가 필요한 상황에서는 제대로 종합적 판단을 하지 못하는 경우가 많다. 자신이 종합적 판단을 잘할 수 있는 분야를 인식하고 기억하라. 자신의 능력에 맞는 일을 능동적으로 찾아라.

지적 영역에서 뛰어난 종합적 판단 능력을 타고나거나 빠르게 개발하는 사람일지라도 다른 영역에서는 그렇지 못하는 경우가 있다.

이러한 사실은 겉으로는 뛰어난 지적 능력을 가진 사람에게서 나타나는 비정상적인 행동을 부분적으로나마 설명해준다. 아무 생각 없는 교수가 전형적인 예다.

나는 수년 동안 천재들이 인간관계에 어려움을 겪는 이유를 궁금해했다. 스티브 잡스가 대표적이다. 그는 함께 일하기 어려운 사람으로 악명 높았다. 이런 유형의 천재들은 일반 사람이 이해할 수 없는 종합적 판단을 한다. 그들에게 그것은 너무나 명확하고 분명해서 누구나 할 수 있다고 가정한다. 일반인이 하지 못하면, 게으르고 정직하지 못하며, 따지기 좋아하고 멍청하기 때문이라 생각한다.

이런 현상은 부모가 아이들에게 하는 행동에서도 쉽게 목격된다. 부모는 자신이 아는 것을 아이들이 모를 때 화를 낼 수 있다. 때로는 자신의 말을 아이들이 잘 이해하지 못하고 있는 상황에서도 듣지 않는다고 야단만 친다. 또한 그런 행동의 기초를 이루는 잠재의식 속의 종합적 판단을 의식의 수준으로 끌어올리지 않았기 때문에, 자신이 요구한 행동이 왜 필요한지 설명하지도 못하면서 아이에게 화풀이하는 경우가 있다.

이런 행동이 리더들에게서도 종종 일어난다. 어떤 리더는 자신의 판단을 구성원에게 분명히 설명하지 않으면서 화만 낸다. 특히 이는 구성원들이 리더의 종합적 판단을 충분히 이해하지 못한 상황에서 나타날 수 있는 파괴적인 행동이다.

개인적 차원에서, 우리는 가끔 의식 속의 믿음과 동떨어진 종합적 판단을 잠재의식 속에서 내리기도 한다. 그러나 이런 의식적 믿음을 저버리는 것은 바람직하지 않다. 이것은 결국 좌절과 분노로 이어질 뿐이며 자신에게 내는 화는 우울증으로 변한다.

사회적 차원에서는 효과적인 리더십에 필요한 종합적 판단의 중요성이 더 커진다. 비전, 목적, 전략, 가치는 모두 종합적으로 판단되어야 한다. 그렇지 않으면 사회적 역기능을 초래할 것이다. 유권자는 국가와 사회를 위한 비전에 걸맞은 정치인을 선출할 경우 그의 종합적 판단 능력을 중시해야 한다. 복잡한 사회 통합을 이뤄야 할 사람에게 리더십 경험이 없다면 치명적 한계로 작용할 것이다.

인간의 번영이라는 면에서 종합적 판단은 효과적인 리더에게 필수적인 정신 활동이다. 의식적 목표로서 종합적 판단 능력을 유지하는 것은 더 나은 판단을 할 수 있게 해준다. 종합적 판단을 연습해야 능력을 향상시킬 수 있다. 스스로가 종합적 판단자로 성공할 수 있고, 종합적 판단을 통해 성공과 행복을 가장 잘 이룰 수 있는 분야를 찾고자 노력해야 한다.

# CHAPTER 22

## 국가주의 vs 삶, 자유 그리고 행복 추구

우리는 서구 문명의 미래에 대한 원리적이고 철학적인 전쟁에 휘말려 있다. 이런 전쟁의 결과는 앞으로 오랜 기간에 걸쳐 인간 번영의 질에 엄청난 영향을 끼칠 것이다. 인류를 끊임없이 진보만 하는 존재로 보는 것은 옳지 않다. 실제로 인간의 진보는 순환 주기로 나타나는 경향이 있다. 이집트 문명은 수천 년간 퇴보하고 나서 진보했다. 서기 400년부터 1300년까지 서구 문명은 퇴보했다. 꾸준한 진보가 늘 보장된 것은 아니다. 사상이 진보를 결정한다.

인류의 미래를 놓고 벌어지는 철학적 전쟁의 두 가지 상대적 극단에 관해 논의할 것이다. (더 극단적인 입장들도 존재하지만 오늘날에는 중요치 않다.) 개인들의 생각은 대부분 이러한 극단적인 입장 사이 어딘가에 속한다. 그러나 선과 악 간의 어떠한 타협도 당연히 악이 승리한다는 것을 기억하는 것이 중요하다. 좋은 음식과 독이 타협하면 독이 이긴다. 따라서 미래에 관해 어떤 비전을 선택하는 것이 당연히 중요하다. 국가와 사회적 측면으로 살펴볼 때, 지지하는 공공 정책이 자신과 후손에게 최상의 결과를 가져올 것인지 확인해야 한다.

양극단의 한쪽에는 다양한 종류의 국가주의자가 있고, 다른 한쪽에는 정부의 역할을 엄격하게 제한하자는 사람들이 있다. 제한된 정부의 역할을 지지하는 사람들은 전통적인 자유주의자다.

현대 진보 운동은 국가주의의 전형적 특징이다. 진보주의자들은 대부분의 자유주의자들보다 더 급진적인 좌파 사상을 지지한다. 자유주의자들도 동일한 기본 전제를 갖고 있다. 자신을 보수주의자라 생각하는 사람들 중에는 사실상 국가주의자들이 많이 있다. 그러면서 시민 자유와 관련해서는 진보주의자와는 다르게 국가의 구체적인 역할을 강조한다. 그들은 국가의 강력한 역할을 주장한다.

예를 들어 가장 드러나는 보수주의 리더 한 명은 국가가 동성결혼과 마리화나 소비를 불법으로 하지 않는다면, 국가가 이를 허가한 것과 같다고 했다. 이것은 국가가 과도한 지방 섭취를 불법으로 하지 않는다면, 국가가 비만을 허용하는 것과 같다는 논리다. 마리화나보다는 비만 관련 질병으로 죽는 사람이 훨씬 많다. 보수주의자의 논리대로라면 빅맥 햄버거 판매도 불법이 되어야 한다.

진보주의와 근본적 보수주의 세계관의 바탕에 깔려 있는 전제를 살펴보자. 이들의 기본적인 믿음이자 강력한 전제는 인간이 이기적이기 때문에 선천적으로 결함이 있다는 것이다. 이것이 좌와 우 모두가 가지고 있는 강한 신념이다. 그래서 많은 사람들은 교회 또는 신과의 관계를 통해 이런 자연적 결함을 치유하는 것이 가장 좋다고 믿는다. 그러나 동성결혼, 도박, 마약과 같은 문제에는 국가가 교회의 자리를 대신해서 직접 개입해야 한다고 본다. 인간에게 선천적 결함이 있다는 전제는 일반적으로 자유주의 정부보다는 보수주의 정부하에서 국가의 기능을 확대하기 위해 빠르게 받아들여졌다.

진보주의는 인간의 치명적 결함을 다루는 데 대한 교회나 개인적 방식을 신뢰하지 않는다. 여기에는 국가 권력(힘)이 필요하다고 주장한다. 공산주의자와 나치는 인간 본성을 자기 이익보다는 공익에 봉사하도록 세뇌하고 교육했다. 그러나 이런 세뇌와 교육은 성공하지 못했다. 현대 진보주의자와 자유주의자는 인간 본성을 바꾸려는 노력을 최소화해야 한다는 데 동의하고 있는 것으로 보인다. 진보주의자는 공익을 강제로 장려하며 개인을 억압할 수 있다고 생각한다. 물론 이미 널리 알려진 것처럼, 공익은 말 자체가 모순이다. 어떤 사람에게 이익이 되는 행동은 다른 사람에게 손해가 되기 때문이다.

진보주의는 철학자가 왕이 되어야 한다는 플라톤 사상을 지지한다. 물론 단어 그대로 왕을 원하는 것은 아니다. 명문 대학에서 석사나 박사 학위를 받고 동일한 정치적 신념을 공유한 엘리트 기술 관료 집단이 새로운 철학 왕이 되어야 한다고 믿고 있다. 최근 대통령 선거에서는 아이비 리그 교수의 97%가 선거 전에 기부금을 냈다고 한다. 이것이 아이비 리그 학교에서의 교육 경험이 만들어내는 다양성과 객관성이란 말인가?

진보주의자들이 신봉하는 도덕적 원칙은 평등주의라고 하는 사회 정의관이다. 앞서 말했듯이, 평등주의는 다른 유사한 형태의 이념 중에서 가장 파괴적이다. 법 앞의 평등은 자유롭고 생산적인 사회에서 필수적이다. 그러나 동등한 기회를 주어야 한다는 것은 오해를 불러일으킬 수 있다. 누구나 타이거 우즈Tiger Woods가 될 수 없는 것처럼 모든 사람에게 동일한 결과를 보장해야 한다는 개념은 파괴적일 수밖에 없다. 동일한 결과를 만드는 유일한 방법은 누군가 생산한 것을 빼앗아 그것을 생산하지 못한 사람들에게 나눠주는 것이다. 게다가 평범한 사람을 위대하게 만들 수 없기 때문에, 평등을 위해서는 위대한 사람을 평범하게 만드는 방법밖에 없다. 상황은 악화될 뿐이다. 모든 영역에서 인구의 절반은 개념적으로 평균 이하여서, 평등한 세상을 위한 공통분모는 평균 이하로 떨어지고 만다. 물론 모든 진보주의자가 모든 논의를 극한까지 끌어가지는 않겠지만, 이것이 그들이 주장하는 평등주의의 유일한 논리적 종착역이다. 그 이외의 종착역들은 완전히 임의로 지어낸 결론에 불과하다. 논의가 논리적 종착역에 이르다 보면 사회적 반발이 일어날 만큼 파괴적으로 변하게 되는 경향이 있다. 극단적 사고를 하는 것은 아니지만, 이것이 진보주의가 갖고 있는 평등주의의 논리적 결론이다. 이러한 경향은 결국 일종의 독재의 형태로 나타나기도 한다.

또한 진보주의자가 논쟁을 자신의 논리적 결론까지 몰고 가지 않는다 하더라도, 그들은 모두의 평등을 원한다. 그것으로 인해 모두가 가난해진다 해도 상관하지 않는다. 비록 불균등한 결과가 모든 사람의 생활 수준과 삶의 질을 올린다 할지라도 이를 비도덕적이라 생각한다.

진보주의와 국가주의 오른쪽에는 이타주의적 집단주의가 존재한다. 그들은 이기적인 것은 나쁜 것이라고 믿는다. 이타주의는 개념상 "타인주의"로 자신을 제외한 다른 모든 사람을 중시한다. 이 개념은 집단주의로 이어진다. 선의 기준은 개인이 아닌 집단이다. 집단주의는 진보주의자들과 자유주의자들을 위한 집단주의로 탈바꿈했다. 개인은 인종, 성, 국가, 성적 성향, 계층, 나이 등 자신이 속한 집단의 성향에 따른다. 이런 집단에 속한 것만으로 정치적 이념을 포함해서 어떠한 사람인가를 결정한다.

집단은 희생자와 억압자 집단으로 나뉘기도 한다. 진보주의와 자유주의에는 희생자가 필요하다. 사회적 이타주의에서 희생자가 존재하지 않으면 그들의 존재와 목적이 사라진다. 그들이 가장 짜증 내는 것은 억압받는 집단의 일원이 자기에게 부합하는 정치적 찬양을 거부하는 것이다. 처음에 좌파는 유대인을 희생자로 보고 그들을 지지했으나, 이스라엘이 성공하고 나서는 그들을 압제자로, 팔레스타인을 희생자로 간주했다. 결국 성공하면 억압자가 되는 것이다. 성공하고도 압제자가 되지 않는 유일한 방법은 진보주의 활동을 관대하게 수용하는 것이다. 물론 자가용 비행기로 세계 곳곳을 다니며 기후변화와 싸우는 앨 고어Al Gore 전 부통령과, BNSF 철도회사를 소유하고 있으면서 키스톤 송유관Key Stone Pipeline 건설을 반대하는 워런 버핏Warren Buffett처럼 위선적인 면을 보일 수도 있지만 말이다.

이런 전제를 바탕으로 진보주의자들은 엘리트들의 지식에 근거한 정부의 행동이 거의 모든 사회문제를 치유하는 데 반드시 필요하다고 믿는다. 진보주의는 개인이 몇 가지 제한된 권리만을 갖고 있다고 생각한다. 진보주의자들은 보수주의 후보를 지지하기 위하여 돈을 쓰지 않는다면 누구나 언론의 자유를 누릴 권리가 있다고 생각한다. 자신의 주장이 혜택받지 못한 집단의 감정을 상하게 하는 것이 아니라면 누구나 자유 발언을 할 수 있다. 물론 돈을 벌겠다는 이기적 욕망으로 사업을 시작하는 사람들은 자유 발언의 권리를 포기해야 한다는 것이 이들의 주장이다.

역사적으로 사회주의는 명백하게 실패했기 때문에 진보주의와 자유주의는 시장의 역할을 일정 부분 기대하지만, 자유시장에 대해서는 그렇지 않다. 진보주의자들은 규제를 통해 국가가 경제활동을 어느 정도 통제하기를 원하지만, 겉으로는 민간 기업을 통해 규제가 실행되는 것이다. 뭔가 잘못되었을 때는 정부가 아닌 기업이 비난을 받는 이유다.

최근 총기소매상과 영리대학에 대한 정부 조치가 좋은 사례다. 금융 규제 기관은 은행에 압력을 넣어 총기소매상과 영리대학에 대한 금융 서비스를 중단시키고 있다. 총기소매상에 대한 공격은 수정헌법 제2조를 피하려는 진보주의 정부의 의도적 노력이다. 또한 진보주의 세계관은 이익을 파괴적인 자극제로 보는 경향이 있어 영리 목적의 대학을 좋아하지 않는다. 이런 이유로 금융 서비스를 이용하여 영리대학을 공격한 것이다.

진보주의자에게는 좋은 의도가 중요하며 목적이 수단을 정당화한다고 믿는다. 비록 어떤 결과가 그 행동의 수혜자가 되어야 할 집단에 긍정적 영향을 주지 않더라도, 이른바 공익을 증대시키고자 하는 의도가 중요하다는 것이 그들의 생각이다. 국가나 사회 계층 등 특정 집단의 이익에 비하여 개인은 그다지 중요하지 않다.

고전적 자유주의와 자유의지론적 시각은 현대 진보주의와 자유주의적 시각과 정반대다. 고전적 자유주의자와 자유의지론자는 개인주의자다. 그들은 개인의 존엄성을 믿으며 사람들은 자신의 이익을 위해 행동한다고 생각한다. 그리고 이것을 경제적 성공의 긍정적 동기 부여로 본다. 또한 자발적인 개인의 자선 활동을 선한 것으로 생각한다. 인간은 비도덕적 행동을 할 수도 있고, 위대한 일도 할 수 있다. 비도덕적 행동은 대부분 폭력이나 사기의 형태로 나타난다. 그래서 정부의 역할은 그러한 힘의 사용을 막는 것이다.

고전적 자유주의자와 자유의지론자는 정부의 역할을 개인의 권리 보호로 국한한다. 개인이 번 것을 힘이나 사기로 빼앗아 가지 못하도록 하는 것. 이것이 정부의 역할이다. 정부는 개인의 경제활동에 개입하지 않을수록 좋다. 보수주의자들이 취하는 입장과 대조적으로 개인의 사생활도 간섭되어서는 안 된다.

군대와 경찰에 대한 시각도 비슷하다. 외국의 침략은 개인의 권리를 위협하거나 파괴하기 때문에 정부의 역할이 필요한 것이며, 경찰과 법원 시스템 또한 폭력으로부터 개인의 권리를 보호하기 위해 필요하다.

고전적 자유주의와 자유의지론의 세계관으로 보면, 정부는 폭력 행위를 마을 독점적 권리를 갖고 있다. 그러나 오로지 개인의 내재적 권리를 지키기 위한 경우에만 이런 권리가 행사되어야 한다. 개인은 자기 방어의 권리(무기를 소지하고 싸울 권리)를 갖는다. 그러나 개인이 폭력을 먼저 사용할 권리는 갖고 있지 않다. 정부의 권력은 국민의 동의에서 온다. 개인은 자연권을 가지며 권리는 정부로부터 오지 않는다. 개인의 권리는 정부보다 앞선다.

폭력을 먼저 사용할 수 있는 정부의 권리는 엄격하게 제한되어야 한다. 그렇지 않으면 불가피하게 개인의 권리가 침해된다. 실제 역사를 돌이켜 봐도 개인의 권리 침해는 정부에 의해 이뤄졌다.

역사적으로 정부는 범죄자와 테러분자들이 저지른 것보다 더 많은 사람들을 죽이고 불구로 만들었으며 고문했다. 무고한 사람들을 학살할 때도 정부는 항상 집단의 이익을 위해서 불가피하다고 주장했다. 미국의 자유의지론자들은 사법 시스템이 개인의 권리를 범죄자 못지않게 많이 침해하고 있다고 생각한다. 그 이유 중 하나는 희생자가 없으면 범죄자도 없다고 생각하는 것이다. 성인끼리 동의한 자발적인 행동은 비도덕적일 수는 있지만 범죄로 간주되지는 않는다. 정부는 개인의 권리 보호만을 생각해야 한다. 마리화나에는 희생자가 없다. 따라서 범죄가 아니다. 살인, 절도, 그리고 사기는 희생자가 있기 때문에 범죄다. 경찰과 범죄자의 차이는 백지 한 장에 불과하다.

고전적 자유주의와 자유의지론의 관점에서 군대의 목적은 실재하는 현재의 위험으로부터 국가를 지키고 보호하는 것이다. 신보수주의자들이 생각하는 것처럼 세계를 안전하게 만들기 위하여 또는 자유주의자들이 생각하는 것처럼 잘못된 모든 것을 바로잡기 위하여 전 세계를 대상으로 전쟁을 시작해서는 안 된다. 강한 군대는 필요하지만, 그 목적은 오로지 외국의 침공으로부터 국가를 지키는 것뿐이다.

고전적 자유주의와 자유의지론이 지배하던 당시에는 사법 시스템도 지금보다 훨씬 효과적이었다. 물론 지금보다 법률의 수도 적었고, 그에 따른 범죄의 수도 적었을 것이다. 게다가 변호사를 부자로 만드는 징벌적 손해배상도 없었을 것이다. 규제 국가와 복지 국가도 존재하지 않았다.

고전적 자유주의와 자유의지론의 리더십 모델을 보면 비전은 개인 자유, 자유시장, 제한된 정부 역할, 그리고 평화에 기반한 자유와 번영 사회다.

자유롭고 독립적인 사람으로, 다른 사람의 권리를 침해하지 않는다면 각각의 개인이 이성적으로 자기 이익을 추구할 수 있는 자유로운 세상을 만드는 것이 목적이다.

군대의 역할은 국가 수호에 한정되어야 하고, 명확한 위협이 제기되지 않는 한 개인의 일에 간섭해서는 안 된다. 경찰은 효과적이고 능률적이어야 하나 정해진 법률만을 집행해야 한다. 법원의 역할은 계약이 확실하게 집행되도록 만드는 것이다. 개인은 동성결혼 등과 같은 사례를 포함하여 다양한 형태의 임의적 계약을 체결할 수 있다. 물론 어떤 계약도 거절할 수 있다. 동성 결혼을 반대하는 결혼 사진사가 동성결혼식 촬영 계약을 거부하는 것처럼, 다른 사람의 권리를 침해하는 경우가 아니라면 다른 사람이 찬성하지 않는 행위를 할 수도 있다. 종교적 자유는 모든 시민 자유와 함께 더 넓게 확대되어야 한다.

리더십은 개인의 책임에 초점을 맞춰야 한다. 영리 사립학교 교육을 규제하는 것은 자유시장에 반한다. 경쟁적 수요에 의해 운영되는 교육 모델이 학생들을 비판적으로 생각하고 이성적으로 결정할 수 있게 가르친다. 그래야만 혁신적 교육 과정이 이뤄지고, 기업가정신이 충만한 노동력이 생기며, 국가 차원의 생산성이 크게 향상되고, 결국 국민 전체의 생활 수준도 높아진다.

고전적 자유주의에도 자선의 역할은 존재하지만, 자선을 필요로 하는 사람들이 거의 없기 때문에 매우 한정적일 수밖에 없다. 경쟁을 통해 만들어진 올바른 교육 시스템은 다양한 종류의 기술과 지적 능력, 그리고 강한 노동 윤리의식을 가진 생산적인 사람들을 만들게 된다.

고전적 자유주의 사회의 기초가 되는 10가지 가치 덕목은 제3장에서 제12장에 걸쳐 자세히 설명되어 있다. 실제로 내가 고전적 자유주의와 자유의지론적 정치 시스템을 지지하는 것은 상의하달 방식이 아니라 하의상달 방식을 중시하기 때문이다. 10가지 가치가 개인에게 타당하다면, 그 원칙은 조직과 사회 전체에도 타당하다. 어떤 종류의 정치 시스템이 이런 원칙과 일치하는가를 판단하는 것이 질문이라면, 그 답은 바로 고전적 자유주의와 자유의지론이다. 대자연과 인간의 본성, 그리고 대자연의 법칙을 고려하여 인간의 성공과 행복을 증진할 수 있는 가치와 이에 부합하는 정치 시스템이 무엇인지 질문할 필요가 있다.

고전적 자유주의와 자유의지론 세계에서는 다른 사람이 만든 것에 대한 어떤 권리도 가질 수 없다. 이것은 생산한 사람의 권리를 침해하는 것이다. 무료 진료에 대해서도 권리를 주장할 수 없다. 그것은 의사를 노예로 만드는 것과 같거나, 의사에게 지불해야 하는 다른 사람을 노예로 만드는 것과 같기 때문이다. 다른 어떤 사람의 인생이나 작업에 대한 권리를 가질 수 있는 사람은 없다.

삶, 자유, 그리고 행복의 추구는 미국의 건국자들이 개인 윤리, 삶에 대한 독점적인 권리, 개인의 행복 추구를 위한 기본 권리 등을 정확하게 담아낸 것이다. 개인은 자신의 노동 상품에 대한 무조건적인 권리가 있다. 많이 생산한 사람은 많이 가져야 한다. 물론 자신이 생산한 상품을 원하는 다른 사람에게 기부할 수 있는 권리도 있다.

정치적 설득을 하는 사람들은 대부분 자유의 중요성을 강조한다. 그러나 자유가 인간 번영에 경제적 혹은 성신적으로 얼마나 중요한지 알고 있는 사람은 거의 없다. 자신이 생각하는 진실을 추구할 수 있어야 한다. 누군가 2 더하기 2가 5라고 강요한다면 누구도 제대로 된 생각을 할 수 없다. 정부의 부당한 규칙과 규제는 경영자에게 2 더하기 2가 5인 것처럼 행동하라고 강요하는 것과 같다. 인간의 발전은 모두 창의성과 혁신에 바탕을 두고 있다. 혁신가는 현재의 상황을 위협할 만한 새롭고 다른 생각을 탐구할 수 있어야 한다. 바로 자신을 위해 생각할 수 있어야만 한다.

경제적 자유를 의미하는 자본주의는 혁신을 위한 기회와 동기를 제공하는 유일한 정치경제 시스템이다. 즉, 더 나은 아이디어를 희생하면서까지 기득권이 자신의 영역을 보호할 수 없다는 의미에서 새로운 기회가 된다. 그리고 생산적 개념은 보상받는다는 의미에서 인센티브다. 자본주의는 혁신가에게 인센티브를 제공하고 유보이익을 통해 자본을 공급한다. 정반대의 선입관에도 불구하고, 자유시장은 제3장에서 제12장까지 얘기한 모든 덕목에 대한 인센티브를 제공할 뿐 아니라 장기적으로 자유시장은 비이성적이고 부정직한 행동을 징계한다.

올바른 덕목을 제대로 보여주지 못하면서도 일정한 기간 동안 생존하고 번영하는 개인과 조직이 존재하기도 한다. 운은 삶의 한 요소다. 대자연은 공정하지도 부당하지도 않다. 그러나 오랜 기간 동안 올바른 덕목을 입증한 개인과 조직은 자유시장에서 더 번창한다. 개인은 자유 경쟁을 통해 올바른 덕목을 강화한다. 올바른 덕목을 갖는 것은 성공의 가능성을 높이는 것이다. 자유시장은 스스로를 강화하는 선순환 시스템을 만든다. 이른바 "나쁜" 개인과 조직은 존재하지만 선순환 시스템은 끊임없이 부정적 행동을 징계한다. 모든 것을 다 할 수도 없고, 모든 것을 다 알지도 못하는 인간 본성을 고려할 때 가장 완벽한 시스템이다.

자유는 창의성과 혁신을 위해 반드시 필요하며 인간의 육체적 건강의 기초다. 법규에 의해 규제받는 자유는 개인과 조직, 사회의 건강을 유지하는 데 필요한 원칙들을 강화한다.

아리스토텔레스적 인간 번영의 의미에서도 자유는 행복 추구에 필수 요소다. 행복을 추구하기 위해서는 자신에게 맞는 삶의 방식으로 자유롭게 살 수 있어야 한다. 개인적인 목표를 세울 수 있어야 하고, 신념과 가치에 부합하는 행동을 자유롭게 할 수 있어야 한다. 목적을 정당화하기 위해 폭력을 사용하는 것은 행복을 이루기 위해 다른 사람들의 권리와 그들의 행복 추구의 기회를 부정하는 것과 같다. 자유롭다는 것이 행복을 보장하지는 않는다. 그러나 자유롭지 못하다면 행복할 수는 없다.

정부 역할을 개인의 권리 보호 이상으로 확장하려는 정치 지도자를 지지하는 것은 자유를 부정하는 것과 같다.

자유는 인간의 경제적(육체적) 안녕에 필수적이다. 또한 정신적 안녕을 위해서도 필수적이다. 자유는 인류 번영에 절대적으로 필요하다. 자유는 있어서 좋은 것이 아니라 꼭 필요한 것이다. 다른 사람의 자유를 부정하고 자신의 가치관을 실현하기 위해 힘과 권력을 이용하는 것을 조심하라.

자유와 행복 추구의 긴계를 구체하하고, 에 미국이 유일하고 특별한 국가가 되었는지를 설명하고자 한다. 고되고 육체적으로 힘든 삶을 사는 건설 노동자 벽돌공을 생각해보자. 내 할아버지는 그런 삶을 살았다. 벽돌공은 고되고 힘든 삶 속에서도 자녀들을 성공적으로 양육한다. 그의 자손이 상장 기업 CEO가 될 수도 있다. 육체적으로 힘든 삶 속에서도 벽돌공이 가질 수 있는 중요한 것은 무엇일까? 스스로를 자랑스럽게 생각하는 마음이 그를 지켜줄 것이다. 벽돌공은 일을 통해 자존감을 갖는다.

벽돌공에게는 자존감이 그 어떤 사회복지 혜택보다 중요하다. 누구도 그의 자존감을 빼앗아갈 수 없다. 오늘날 많은 사람이 정부의 역할을 사회보장의 제공으로 본다. 이것은 잘못된 목표다. 현실을 도피할 수 있는 방법은 없다. 그럼에도 많은 정부가 이를 목표로 삼고 있다.

미국인들은 사회보장에 많은 신경을 쓰지만 사회보장의 나라는 아니다. 미국은 기회의 땅이다. 위대해질 수 있는 기회가 있고, 실패를 하면서도 다시 도전할 수 있는 기회가 있다. 가장 중요한 것은 벽돌공이 자신의 방식대로 삶을 살고, 자신의 믿음과 가치에 근거하여 개인의 행복을 추구하며, 자유롭고 독립적인 사람으로 삶을 사는 것이다. 사람들이 미국에 오는 이유가 바로 이것이다. 그리고 너무 소중해서 반드시 지켜야만 하는 미국만의 독특한 인생관이다. 이것이 바로 삶, 자유, 그리고 행복 추구의 구현이다.

# CHAPTER 23

## 결론

이 책에서 나는 생존, 성공, 그리고 행복의 바탕이 되는 원칙을 밝혔다. 이런 원칙은 자연 법칙(대자연)과 인간 본성으로부터 논리 적으로 도출된 결과다. 이 원칙은 개인, 조직, 그리고 사회에 모두 적용된다.

인간은 목표 지향적 존재다. 어딘가 도착하고자 한다면 그 목적지 를 알아야 한다. 우리는 미래의 비전(그림)과 그 비전에 부합하는 목 적이 필요하다. 비전과 목적은 등대와 같은 역할로 우리를 이끈다.

아리스토텔레스의 관점에서 인간의 올바른 목적은 행복을 이루는 것, 즉 인간의 번영이다. 다시 말해 피와 땀, 그리고 눈물로 성취하는 행복, 일을 통해 만드는 행복이다. 여든 살이 되어 인생을 되돌아보 면서 힘들었지만 성취해내서 기쁘다고 말할 수 있어야 한다.

살아 있는 모든 것은 나름대로 살아가는 방법을 갖고 있다. 사자에게는 사냥에 필요한 힘과 발톱이 있고, 사슴은 사냥꾼을 피할 수 있는 빠른 속도를 갖고 있다. 인간은 생각하는 능력, 추론하고 판단할 수 있는 이성을 갖고 있다. 이성적으로 생각할 수 있는 능력은 생존, 성공, 그리고 행복을 위한 인간의 유일한 도구다. 거기에는 지름길도 없고 공짜 점심도 없다. 이성이 진화의 결과든, 신이 주신 은혜든 상관없다. 어떤 경우든 이성적으로 생각하지 않거나 이성을 활용하지 못할 때 장기적으로 부정적인 결과가 나온다.

이성은 다른 덕목들을 필요로 한다. 현실과 사실을 받아들이려는 마음 자세가 없다면 이성적으로 사고할 수 없다. 이성은 현실의 사실에 기초하여 논리적으로 생각하는 것을 의미한다. 현실을 인정하지 않는 것은 곧 현실 회피이며, 이는 궁극적으로 정신적 원죄에 가깝다.

이성적인 사람은 자기 스스로 생각하고 독립적으로 판단한다. 독립적 사고는 창의적이고 혁신적인 사람이 될 수 있는 기회를 의미하며 개인의 책임을 요구한다.

이성적인 사람은 생산적인 사람이다. 생산성은 대자연과 인간 본성을 고려할 때 생존의 필수 요건이기 때문이다. 또한 생산성은 행복 추구의 기둥이다. 정신적 보상 시스템의 (전부는 아닐지라도) 상당 부분은 생존을 떠받치도록 설계되어 있다. 생산적이라는 것은 심리적으로도 정신적으로도 건강함을 의미한다.

이성적인 사람은 정직하다. 정직은 현실을 고수하기 때문이다. 부정직은 현실로부터 단절되는 것을 의미하며 이는 곧 이성적으로 되는 것을 불가능하게 한다. 정직의 기준은 자신이 아는 것을 말하고, 또 아는 대로 말하는 것이다. 부정직의 가장 파괴적인 형태는 자신이 모르는 지식을 주장하는 것이다.

모든 원칙에는 맥락과 상황이 있으며, 삶과 행복을 고취한다는 목적이 있다. 누군가 거부하기 어려운 힘과 권력을 앞세워 자신을 굴복시키려 한다면 굴복해도 좋다.

이성적인 사람은 "뜨거운 전쟁터" 바깥에서 자신의 가치관을 발전시키며, 모든 일상생활 환경에서 자신의 가치관에 부합되는 행동을 한다. 이는 가치가 장기적 성공과 행복을 촉진한다는 것을 알기 때문이다. 의무가 아닌 행복과 인간 번영을 이루기 위한 방법으로 도덕적 행동을 한다.

주변 사람은 자신의 안녕에 필수적이다. 따라서 다른 사람을 평가할 때 공정함이 요구된다. 사람들은 개인의 장점과 역할이라는 맥락에서 독립된 개인으로 평가되어야 한다. 당연히 가장 많이 공헌한 사람이 가장 많은 경제적 혹은 심리적 보상을 받아야 한다. 친구라는 존재는 삶의 행복에 큰 기여를 한다.

이성은 스스로 보상하고 스스로 벌하는 시스템을 만들도록 도우며, 자신에게 이득이 되는 가치에 따라 일관되게 행동하도록 지속적으로 상기시켜준다. 자부심은 "도움이 되고자 하는" 자신의 가치관에 부합하게 행동하라는 정신적 표지판이며, "잘" 해낸 일에 대한 심리적 보상의 역할을 한다.

자존감은 현실에서의 생존과 성공 능력에 대한 자기 확신을 반영한다. 이성이 생존과 성공의 수단이기 때문에 일관되고 합리적으로 행동하는 것은 자존감을 증대시킨다. 높은 수준의 자존감을 갖기 위해서는 스스로가 "좋은" 사람이 되는 능력과 행복에 대한 도덕적 권리를 가졌다고 믿어야 한다. 사회적으로 받아들여지고 있는 가장 파괴적인 믿음은 인간이 태생적으로 악하다는 것이다. 이것은 인간의 행동을 "고치기" 위하여 힘을 사용하는 것을 정당화하는 데 흔히 사용되는 핑계다.

살아 있는 모든 것은 자기 이익을 위해 행동해야만 하며, 그렇게 하지 않으면 생존할 수 없다. 대자연이 그렇게 설계했다. 그러나 다른 사람을 이용하는 것은(결국 다른 사람의 신뢰를 잃는 것이어서) 이성적인 자기 이익 행동으로 볼 수 없다. 반대로 스스로 희생할 필요도 없다. 누구나 자신의 인생에 대한 권리를 다른 사람만큼 갖고 있다. 자기 인생에 대한 권리가 없다면, 논리적으로 자기 인생에 대한 권리를 가진 사람이 아무도 없다는 것과 같다. 그렇게 되면 모든 개인은 국가주의와 엘리트주의가 말하는 공익을 위한 "총알받이"로 전락한다.

자유롭고 번창하는 사회의 올바른 도덕적 규칙은 이성을 생존의 수단으로 보며 우리 자신을 거래자로 보는 것이다. 목표는 함께 발전할 수 있는 방법을 찾는 것이다. 이성적 사고는 가능한 한 많은 원-원 관계를 만드는 데 초점을 두고 있다. 한쪽이 이기고 한쪽이 지는 관계는 항상 둘 다 지는 관계가 되기 마련이다.

이성은 장기적으로 합리적인 자기 이익을 추구하도록 요구한다. 이것은 목적의식을 갖고, 신체와 정신을 돌보며, 가치를 공유하는 사람들과 의미 있는 관계를 만들기 위해 일하는 것을 말한다. 문제는 장기적으로 이성적인 자기 이익을 추구하는 사람이 아니라, 자기 파괴적 행동을 하는 사람에게 있다. 이성은 합당한 자기 이익에 따라 행동하고, 다른 사람들 또한 그에 따라서 행동하기를 요구한다.

복합적 활동 대부분은 하나 또는 그 이상의 팀을 통해 이루어진다. 만일 목표 달성을 위해 팀워크가 필요하다면, 효과적인 팀 플레이어가 되는 것이 이성적이다. 이것은 자신의 일을 잘하고, 팀 동료와 상호 협력적인 태도를 가지며, 자신의 일이 팀 전체에 어떻게 영향을 끼치는 지 이해하는 것을 필요로 한다.

셀프 리더십의 과제는 생존, 성공, 그리고 행복과 번영을 고취하는 비전, 목표, 가치를 명확히 하는 것이다.

개인에게 적용할 수 있는 원칙은 조직에도 똑같이 적용된다. 실질적으로는 개인만이 존재할 뿐이다. 조직은 단지 함께 일하는 개인의 집합이다. 조직 리더십의 핵심은 조직의 비전, 목표, 가치에 부합하는 구성원의 기술, 지식, 행동의 통합이다. 그 목표는 논리적 일관성이다. 일관성 없는 목표나 가치를 갖고 있으면 일관된 행동을 할 수 없는 게 당연하다. 통합은 효과적 개념 정립에 기반하고 있어 이성적 사고가 중요한 측면으로 작동한다.

다시 한 번 강조하지만, 개인에게 적용할 수 있는 원칙은 사회에도 적용된다. 사회 또한 함께 살아가는 개인에 불과하다. 이런 문맥에서 공공의 이익은 실제로 존재하지 않는다. 거의 모든 결정이 일부에게는 유리하고 또 다른 일부에게는 불리하다. 모든 사람의 행복 추구에 부합하는 유일한 공익은 폭력의 사용을 막는 것이다. 그것을 제외한 다른 형태의 공익은 일부 개인의 권리를 침해할 수 밖에 없다.

미국의 건국자들은 이성의 시대에 활동했던 계몽주의 사상가의 영향을 받았다. 비록 그들이 엇갈리는 신조를 갖고 있었다 할지라도 기본적으로는 자유를 옹호하는 사람들이었다. 그들은 자유가 인간 번영에 필수적이라는 사실을 깨닫고 있었다. 그들은 정부 역할을 기본적으로 개인 권리 보호에 두었다. 따라서 정부는 제한적이어야 한다. 정부는 모든 문제를 해결할 수 있게 설계되지 않았다. 자발적 관계는 문제 해결의 원천이다. 그들은 정부가 통제되거나 제한되지 않으면 정부에 의한 권력 남용을 피할 수 없다고 믿었다.

미국은 개인 권리 보호에 앞장서는 입헌 공화국이다. 미국의 건국자들은 "다수에 의한 독재"를 가장 걱정했다. 개인의 권리를 침해하는 다수의 능력, 그리고 궁극적으로 그들을 위한 "공짜 점심"에 투표하는 다수의 능력을 경계해야 한다. 자유사회를 만들어야만 이 책에서 밝힌 원칙과 부합하는 방식으로 개인의 행복을 추구할 수 있다.

자유사회는 이러한 원칙을 키우고 강화한다.

자유사회에서는 정직, 도덕성, 합리성, 그리고 개인의 책임과 같은 개념이 보상받는다. 아이디어와 결과물을 통한 경쟁은 자유시장과 자유사회에서 개인을 이성적으로 행동하게 만든다. 물론 인간은 자유의지를 갖고 있으므로 예외적인 행위는 늘 있을 수 있다. 그러나 자유사회의 인센티브 구조는 도덕적 인격을 높이 평가하고 보상하며, 도덕적 행동 방식은 힘의 사용이 금지된 환경에서 사회의 기본이 된다

가치는 개인, 조직, 그리고 사회 전체에 중요하다. 올바른 이상에 기반한 사회는 번창한다. 미국을 위대하게 만든 삶, 자유, 그리고 행복의 추구라는 원칙으로 돌아가야 한다.

조직을 구하고 사람을 살리는
# 리더 정신

지은이    존 앨리슨
옮긴이    장진원, 심규태

이 책의 편집과 교정은 양은희가, 디자인은 노영현이, 인쇄는 꽃피는청춘 임형준이,
제본은 은정제책사 양익환이, 종이 공급은 대현지류의 이병로가 진행해 주셨습니다.
이 책의 성공적인 발행을 위해 애써주신 다른 모든 분들께도 감사드립니다. 티움출판
의 발행인은 장인형입니다.

초판 1쇄 발행 2015년 12월  5일
초판 3쇄 발행 2016년 4월  15일

펴낸 곳   티움출판
출판등록 제313-2010-141호
주소      서울특별시 마포구 월드컵북로4길 77, 3층
전화      02-6409-9585
팩스      0505-508-0248
홈페이지 www.tiumbooks.com    www.facebook.com/tiumbooks

ISBN 978-89-98171-23-0 03320

**티움**은 책을 사랑하는 독자, 콘텐츠 창조자, 제작과 유통에 참여하고 있는 모든 파트너와 함께 성장합니다.